Nur ein paar Stündchen

Nix wie raus, ganz schnell ins Grüne. Auch mit wenig Zeit lässt sich Großartiges erleben. Kleine und große Abenteuer warten direkt vor der Haustür.

4 H

Raus für einen Tag

Man muss nicht das Land verlassen, um neue Welten zu entdecken. Einfach mal einen Tag lang raus aus dem Alltagsallerlei und rein in die Natur.

12 H

Ferien für ein Wochenende

Warum auf die große Auszeit warten, wenn man einen Wochenendtrip in der Nähe machen kann? Vergnügen, Abenteuer und Wohlgefühl kompakt und intensiv.

36 H

LIEBE LESERIN, LIEBER LESER,

es geht uns schon gut hier: Wer die Stadt hinter sich lassen und ins Grüne abtauchen möchte, ist in kurzer Zeit im Pfälzerwald, im Odenwald oder im Kraichgau. Nicht zu vergessen die Auen und Wälder an den Ufern von Rhein und Neckar. Sich auf Burgen aus rotem Sandstein den Wind um die Nase wehen lassen, zu königlichen Villen wandern oder mal für ein Wassersportwochenende die Campingausrüstung hervorholen: Frische Luft macht glücklich!

Doch auch direkt vor der Haustür wartet die kleine Auszeit. Es reicht ein kurzer Abstecher in einen von Mannheims Stadtwäldern, auf die Ludwigshafener Parkinsel oder in die Berge rund um Heidelberg, um den Kopf freizubekommen – und das zu jeder Jahreszeit.

Viele wunderbare Eskapaden in und um Mannheim und Heidelberg wünscht

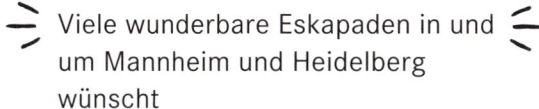

PS: Informationen zum GPX-Download gibt's auf Seite 224.

AUSZEIT. ABENTEUER.
LEBENSFREUDE.

1. KAPITEL
ABSTECHER

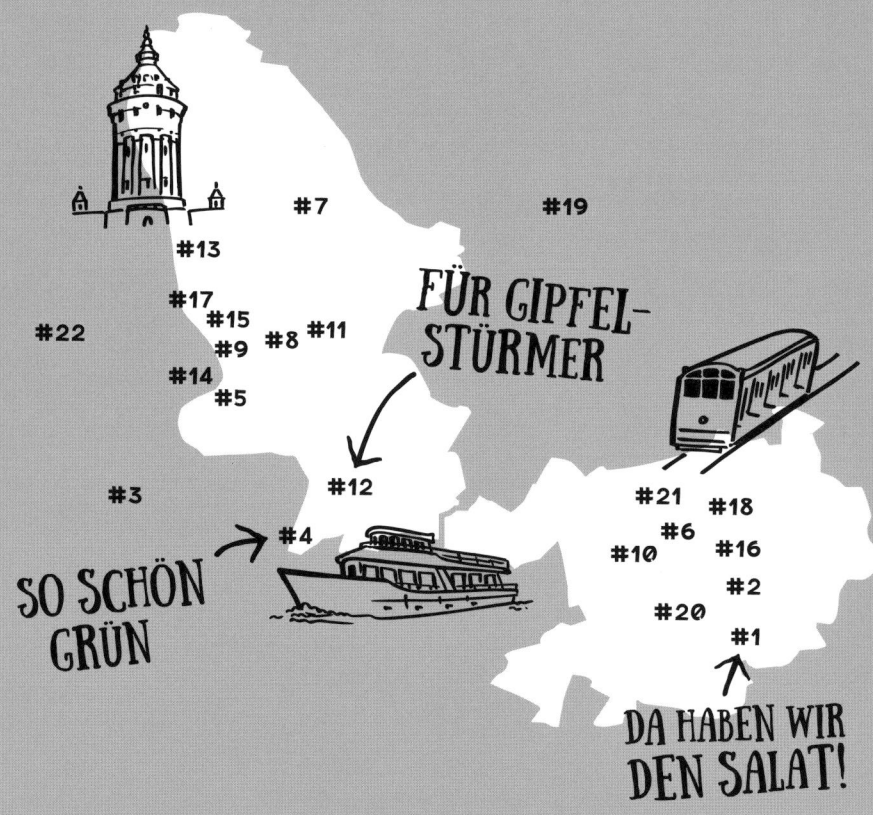

#7

#19

#13

#17
#15
#22
#9 #8 #11

#14
#5

FÜR GIPFEL-
STÜRMER

#3

#4
SO SCHÖN
GRÜN

#12

#21 #18
#6
#10 #16

#2

#20
#1

DA HABEN WIR
DEN SALAT!

Nur ein paar Stündchen

Nach Feierabend Berge erklimmen, einen Vormittag im Grünen verbringen oder am Rhein und Neckar entspannen – eine kleine Auszeit geht immer.

DEN BLICK AUF DEN BODEN RICHTEN

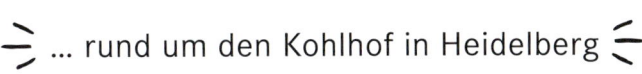

... rund um den Kohlhof in Heidelberg

#1 *Frische Kräuter kaufen Stadtbewohner meist im Supermarkt. Dabei ist die Natur voll von kleinen, gesunden Köstlichkeiten – wer ein paar Sorten lernt, wird sie an jeder Ecke wiedererkennen. Rund um den Kohlhof in Heidelberg finden auch Einsteiger Leckeres für den Wildkräutersalat.*

Zwischen grünem Gras verstecken sich die Zutaten für einen Wildkräutersalat.

Keinen eigenen Garten und trotzdem Lust auf frischen Sauerampfer? Kein Problem: Rund um den Kohlhof auf dem Heidelberger Königstuhl sind die Wiesen geradezu übersät von den saftig-sauren Blättern. Und nicht nur das – Dutzende Arten essbarer Pflanzen wachsen hier auf den Wiesen und am Waldrand. Löwenzahn, Gänseblümchen und Rotklee erkennt man schnell, für mehr muss man etwas genauer hinschauen. Doch mit der Zeit schärft sich der Blick, und aus grünem Einerlei wird allerlei Essbares: Man kann die sternförmigen Blüten der Vogelmiere entdecken, den bitteren Spitzwegerich und die milden Taubnesseln etwa, oder die hübschen violetten Blüten des Gundermanns, die für schöne Farbtupfer im Essen sorgen.

Wer sich ein wenig in den Wald hineinwagt (und Handschuhe mitgebracht hat), findet dort Brennnesseln, die sich in Form einer leckeren Suppe zubereiten lassen. Direkt nebenan duftet eine große Kolonie Waldmeister ganz verführerisch und möchte zu Maibowle verarbeitet werden. Vorsicht jedoch bei der Menge:

Die Knospen von Gänseblümchen oder Löwenzahn erinnern eingelegt an Kapern.

Bei übermäßigem Verzehr löst das Cumarin, das die Pflanze beim Trocknen freisetzt, Kopfschmerzen und Schwindel aus.

Überhaupt ist beim Kräutersammeln in der Natur Vorsicht oberstes Gebot. Zwischen den Wildkräutern verstecken sich auch immer mal wieder leicht giftige oder unbekömmliche Pflanzen. So sind Ranunculus-Arten wie der Hahnenfuß und das Scharbockskraut giftig, die Blätter vor allem während und nach der Blüte. Daher sollte man unbedingt ein paar Grundregeln befolgen: Nur ernten, was einwandfrei zu bestimmen ist – ist man sich unsicher, kommt die Pflanze nicht in den Korb. Der Natur zuliebe immer nur ein paar Kräuter einer Sorte pflücken, keine Pflanzen ernten, die unter Naturschutz stehen und generell nicht in Naturschutzgebieten sammeln. Ansonsten gilt: Schon nach ein paar Versuchen wird es leichter, Kräuter zu erkennen und einen Blick dafür zu entwickeln. Wer sich tiefer in das Thema einarbeiten will, macht am besten eine geführte Kräuterwanderung mit.

FAZIT: ERSTE ERFOLGE BEIM SAMMELN MACHEN SÜCHTIG – EINMAL DAMIT ANGEFANGEN, SIEHT MAN DIE NATUR MIT GANZ ANDEREN AUGEN.

Hin & weg: Linie 39 bis Posseltslust.

Beste Zeit: April bis September.

Dauer & Strecke: Solange man möchte. Weitere Infos und das Programm zu den geführten Kräuterwanderungen findet man unter www.natuerlich. heidelberg.de

Ausrüstung: Korb oder Stoffbeutel, evtl. Schere, Handschuhe, Pflanzenbestimmungsbuch oder -App.

UNENDLICHE WEITEN

⟩ ... auf dem Königstuhl in Heidelberg ⟨

#2

Oben auf dem Königstuhl befindet sich die Landessternwarte mit ihren Teleskopen. Einen guten Blick auf die Abenddämmerung über der Stadt und den funkelnden Sternenhimmel haben aber auch Laien. Wer sich mal in Abend- und Nachtfotografie versuchen möchte, findet hier einen schönen Ort.

Auf dem Gipfel des Königstuhls leuchten auch die Antennen einiger Funk- und Fernsehtürme.

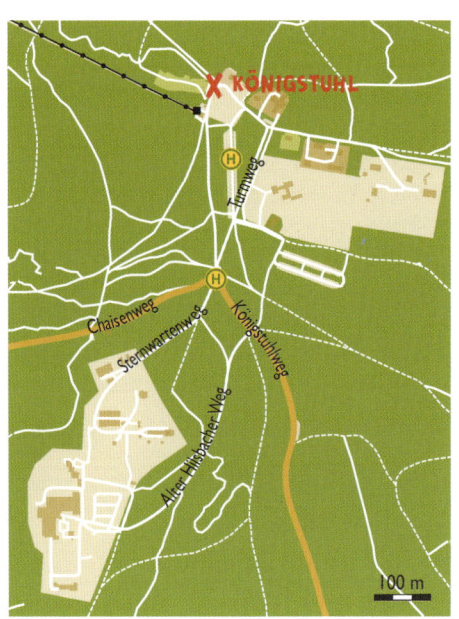

Bei Abenddämmerung begeben sich Himmelsbeobachter hinauf zum Königstuhl – oder sie bleiben im Anschluss an einen Nachmittagsspaziergang einfach oben. Am Aussichtspunkt oberhalb der Seilbahnstation hat man einen beeindruckenden Blick auf die Lichter der Rheinebene. Dazwischen schlängelt sich die dunkle, spiegelglatte Wasseroberfläche des Neckars. Solange es noch hell ist, kann in Ruhe das Stativ aufgebaut und der Fokus ausprobiert werden. Mit einem niedrigen ISO-Wert sind die Farben des Sonnenuntergangs auch auf Fotos gut zu erkennen, bei langer Belichtungszeit wird die Autobahn zu einem Lichtstreifen.

Wenn der Nachthimmel dunkler wird, können neue Motive gesucht werden. Der Himmel macht sich immer gut mit Ästen oder Tannenwipfeln im Vordergrund. Sterne fotografiert man am besten mit manuellem Fokus (auf das Unendlich-Symbol eingestellt – wenn es das Objektiv hergibt) und mit Selbstauslöser, damit das Bild nicht verwackelt. Am besten funktioniert der fotografische Blick in den Sternenhimmel mit kleiner Blendenzahl. Die meisten Kameras lassen eine maximale automatische Belichtungszeit von 30 Sekunden zu, wer eine Fernbedienung zum Auslösen besitzt oder die Kamera über eine App steuern kann, kann diese im Bulb-Modus beliebig verlängern. Schon bei 30 Sekunden werden die Sterne bei genauerem Hinsehen übrigens eiförmig – Galilei hatte also recht! Um die Erddrehung auszugleichen, verwenden Profis eine Nachführvorrichtung. Sternspuren kann man bei einem niedrigen ISO-Wert und mehreren Minuten Belichtungszeit aufnehmen, die Milchstraße wird – bei absoluter Dunkelheit – mit einem sehr hohen ISO-Wert sichtbar.

Der manuelle Fokus auf nähere Objekte, das merkt man spätestens jetzt, ist im Dunkeln schwierig. Wer Bäume im Vordergrund scharf stellen möchte, kann Begleiter bitten, sich mit einer Taschenlampe in einen vergleichbaren Abstand zur Kamera zu bringen und dann diese zu fokussieren. Oder man versucht, die Bäume selbst etwas anzuleuchten. Geduldige suchen sich bei Helligkeit das gewünschte Motiv und warten dann, bis der Sternenhimmel funkelt.

Schließlich geht irgendwann der Mond hinter dem Berg auf und scheint durch die Bäume. Je heller der Mond, desto störender ist er für die Sternenfotografie – dafür gibt er selbst ein stimmungsvolles Motiv ab. Je nach Vorlieben also am besten vorher über Mondaufgangszeiten und -phasen informieren. Je tiefer man sich übrigens in den Wald hineinbegibt, desto besser werden die Aufnahmen. Wenn die ersten Versuche erfolgreich waren, lohnt es sich, weiter in den Odenwald oder den Pfälzerwald hineinzufahren, wo die Lichtverschmutzung geringer ist und deutlich mehr Sterne am Himmel sichtbar werden.

Hin & weg: Buslinie 39 bis Königstuhl oder 30 bis Sternwarte oder Bergbahn (letzte Fahrt beachten), abwärts ggf. zu Fuß über die Himmelsleiter.

Beste Zeit: Ganzjährig, allerdings sollte es nicht zu kalt sein.

Dauer & Strecke: Bis das Motiv sitzt oder die Zähne klappern.

Ausrüstung: Spiegelreflex- oder Systemkamera, Stativ, Taschenlampe (mit Rotlicht, um Tiere nicht zu stören), warme Kleidung.

FAZIT: FASZINIERENDE ABENDBESCHÄFTIGUNG FÜR FOTOGRAFIE-FANS. DER ABENDLICHE AUSBLICK LOHNT SICH ABER AUCH OHNE KAMERA!

UNTER WOLKEN

⟩ ... im Rehbachtal bei Rheingönheim ⟨

 Drache, Hund oder Hase? Beim Blick in
die Wolken werden aus Wassertröpfchen
in der Atmosphäre Tiere und Fabelwesen.
Auf den Wiesen an den Ufern des Rehbachs
kann man die sich stetig verändernden
Formen gemütlich beobachten.

#Rehbachtal #Schäfchenwolkenzählen #ichliegeinmeinerMupfel

Früher trieb der Rehbach das Rad der Waldmühle an, heute befindet sich hier der gleichnamige Biergarten.

Zwischen Rheingönheim und Neuhofen, direkt neben dem Rheingönheimer Wildpark, fließt der Rehbach aus dem Pfälzerwald seiner Mündung in den Rhein entgegen. Begleitet wird der Bach von Auwäldern, Wiesen und Feldern. Der perfekte Ort für einen Nachmittag ungestörter Wolkenfantasterei, je nach Temperatur auf einer Picknickdecke oder einer der Bänke am Weg. Diejenigen, die es genauer wissen wollen, bereiten sich natürlich vor und informieren sich über die verschiedenen Arten, Unterarten und Gattungen, in die die weißen Gebilde offiziell eingeteilt werden können. Aha, ein Cirrus uncinus vertebratus! So lassen sich dann andere Wolkenbetrachter mit Fachwissen beeindrucken.

Dies ist aber keinesfalls Voraussetzung für eine erfolgreiche Beobachtung. Viel wichtiger ist ja die kreative Seite der Tätigkeit: Ist das ein Drache? Jagt er den Hasen? In was verwandelt er sich nun? Irgendwann ziehen die Gedanken von allein mit den Wolken mit und eine Art Meditationszustand ist erreicht. Federwolken, Schäfchenwolken und Haufenwol-

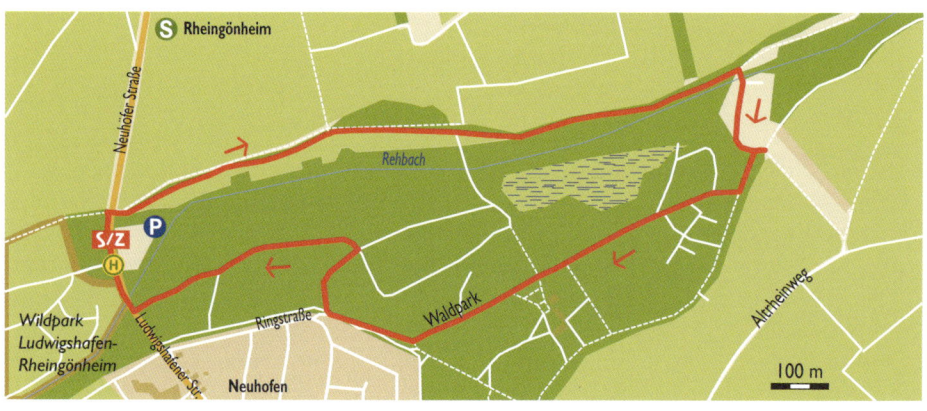

Auf den Wiesen und in den Wäldern am Rehbach wachsen rund 250 verschiedene Pflanzenarten – seit 1989 gesichert durch ein Landschaftsschutzgebiet.

ken mischen sich mit den Kondensstreifen von Flugzeugen – Cirrus homogenitus lautet hier übrigens die fachsprachliche Bezeichnung – und lassen immer neue Formen entstehen. Die Sonnenstrahlen verändern gegen Abend schließlich das Farbenspiel am Himmel.

Wem langsam die Fantasie ausgeht, macht einen Spaziergang entlang des Bachs und sucht die seltene Essigrose, die hier im Sommer auf den Dämmen wachsen soll. Im Biergarten der nahen Waldmühle lässt es sich im Anschluss weiterhin gemütlich durch die Gegend schauen. Ansonsten bietet sich auch ein Besuch des angrenzenden Wildparks Rheingönheim an, wo eben gesehene Wolkenformen mit echten Luchsen, Auerochsen und Wildschweinen abgeglichen werden können.

FAZIT: GEZIELT EINEN NACHMITTAG LANG DEN BLICK NACH OBEN RICHTEN – EINE WUNDERBAR ENTSPANNTE UND ENTSPANNENDE BESCHÄFTIGUNG.

Hin & weg: Linie 6/6A bis Rheingönheim, dann ca. 15 Min zu Fuß.

Beste Zeit: An warmen Tagen, Frühjahr bis Herbst.

Dauer & Strecke: Bis die Fantasie ausgeht.

Ausrüstung: Picknickdecke.

DER NATUR LAUSCHEN

⪢ … in den Backofen-Riedwiesen ⪡

Auf den Wiesen blühen Wildblumen, der Wind rauscht in den Wipfeln des Auwalds, und Libellen und Singvögel schweben durch die Lüfte. Außer dem einen oder anderen Spaziergänger begegnet man nur Laubfröschen und Eidechsen. Schnell vergessen ist die Geschäftigkeit des angrenzenden Rheinauhafens.

Rote Weichkäfer leben besonders gerne auf blühenden Wildblumen.

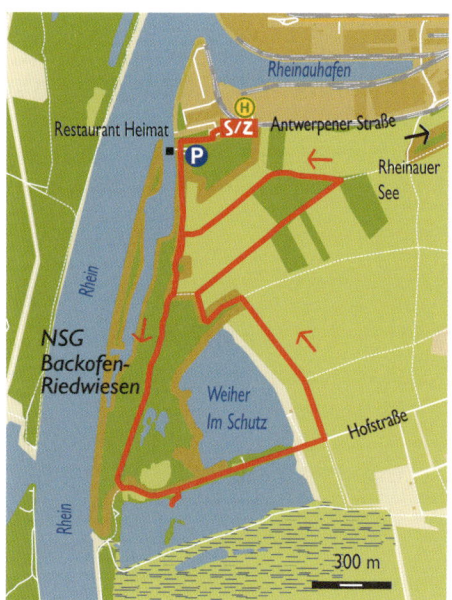

Im Südwesten Mannheims zwischen Rheinau-Süd, Brühl und Edingen-Neckarhausen hat sich die Natur ein Stück industrialisierte Erde zurückerobert. Wo einst Ton abgebaut wurde, liegt heute das Naturschutzgebiet Backofen-Riedwiesen. Die ehemaligen Gruben bieten als Feuchtbiotope perfekte Lebensbedingungen für Frösche, Kröten und Insekten, auf den weitläufigen Wiesen und zwischen alten Bäumen fühlen sich seltene Vögel wie der Pirol wohl.

Ein guter Startpunkt für die kleine Feierabendrunde ist das Ende der Antwerpener Straße im Rheinauhafen. Hier hält auch die Buslinie 48. Kurz bevor die Straße auf den Rhein stößt, macht sie einen Knick nach links. Man lässt die Industriebauten hinter sich, passiert linker Hand den Parkplatz des Motoryacht-Clubs Kurpfalz – und schon findet man sich zwischen großen Bäumen wieder. Ein Schild rechts zu Beginn des Pfads informiert über das Naturschutzgebiet und sein Wegenetz.

Zwischen den Bäumen glitzert auf der rechten Seite der sogenannte Backofen, eine alte, mit Wasser gefüllte Tongrube, auf dem Mitglieder des Motoryacht-Clubs ihre Boote liegen haben. Ein Knick nach links, dann lichtet sich der Wald. Zwischen Gräsern und Büschen schlängelt sich der Weg an einer Wiese und einem kleinen Wäldchen vorbei. Linkerseits liegt nun ein dunkler Teich zwischen hohen Bäumen und Gehölz. Besonders viele Vogelarten füh-

Hin & weg: Buslinie 48 bis Antwerpener Straße (oder mit dem Fahrrad auf dem Rheinauenweg).

Beste Zeit: Frühling und Sommer.

Dauer & Strecke: 1,5 Std., ca. 5 km.

Ausrüstung: Ggf. Fahrrad, ggf. vorab einen Tisch im Restaurant Heimat (www.heimat-mannheim.de) reservieren.

Wald, Wiesen, Wasser: Die abwechslungsreiche Landschaft bietet Lebensraum für viele Tierarten.

len sich in dieser vielfältigen Landschaft wohl. Ohren auf – hier hört man Vogelstimmen, die in Laienohren ganz unbekannt klingen. Mit viel Glück lässt sich sogar ein Blick auf das seltene Blaukehlchen erhaschen.

Es geht noch eine Weile geradeaus, dann weist ein Schild den Weg Richtung Rohrhof. Auf den Feldern dann wieder links halten und vom Damm schließlich hinunter auf die Wiese und rechts abbiegen. Wer sich nun an den nächsten beiden Wegkreuzungen links hält, begibt sich wieder in Richtung Ausgangspunkt. Ein Hochsitz ragt aus dem Dickicht linker Hand, Brombeersträucher wuchern rechts am Wegesrand, Bienen und Käfer krabbeln über Sommerblumen. Schließlich trifft man wieder auf den Pfad am Backofen, der zurück zum Parkplatz des Bootsvereins führt.

Hier liegt auch ein altes Schiff aus den 1920er-Jahren, das heute fest vertäut das Restaurant Heimat beherbergt. Ob drinnen im Schiff oder auf der schwimmenden Terrasse – der Tag lässt sich auf dem Wasser ganz besonders stimmungsvoll ausklingen. Am besten man reserviert vorab, das Restaurant ist nämlich immer gut besucht.

Tipp: Wer den Spaziergang verlängern möchte, baut noch einen Abstecher zum nahegelegenen Rheinauer See ein.

FAZIT: ZWITSCHERNDE VÖGEL, IDYLLISCHE LANDSCHAFTEN UND ANSONSTEN HERRLICHE RUHE. PERFEKT FÜR EINEN FEIERABENDSPAZIERGANG.

WILDE WALD-FREUDEN

 ... im Waldpark in Mannheim

 Die Mannheimer lieben den Waldpark. Seit 1905 flanieren sie auf seiner Rhein- promenade, streifen über Wiesen und durch Wälder. Zum Park gehört auch die Reißinsel, ein landschaftliches Juwel mit Bannwald, Streuobstwiese und seltenen Pflanzenarten. Dazwischen führen Wander- und Radwege durchs Grüne.

Am anderen Rheinufer erkunden Spaziergänger die Ludwigshafener Parkinsel.

Am Ende der Speyerer Straße auf dem Lindenhof läuft man geradeaus in den Park hinein und stößt dann schnell auf den Rhein. Auf der Promenade sind Jogger und Spaziergänger unterwegs und genießen den Blick aufs Wasser und die gegenüberliegende Parkinsel, die bereits zu Ludwigshafen gehört. Am Fluss links abbiegen und dem Verlauf des Rheins folgen. Absichtlich hat man den Park als Überschwemmungsgebiet belassen, so blieb der natürliche Auwald mit seinen vielen Baum- und Pflanzenarten erhalten.

Wer sich nun nah am Fluss hält, läuft auf einem kleinen Pfad abseits des Hauptwegs am Wasser entlang. Hier fließt der Bellenkrappen, ein Nebenarm des Rheins, der die Reißinsel vom restlichen Waldpark trennt. Die Insel ist nun auch schon durch die Bäume sichtbar.

Auf dem Bellenkrappen ziehen Schwäne ihre Runden, und ein altes blaues Boot dümpelt – schon seit Jahren – malerisch in der Sonne vor sich hin.

Rechter Hand gelangt man schließlich über den Bellenkrappen zur Reißinsel. Carl Reiß, Mannheimer Ehrenbürger und Stifter, hatte sie 1881 eigentlich zum Abbau von Ton erworben. Doch die Schönheit der Landschaft stimmte

Hin & weg: Linie 3 bis Markuskirche, zurück Linie 3 ab Rheingoldhalle.

Beste Zeit: Frühling und Sommer. Die Reißinsel ist von März bis einschließlich Juni gesperrt.

Dauer & Strecke: 3 Std., 7 km.

Ausrüstung: Evtl. Sitzkissen, falls die Stühle im Bistro alle belegt sind.

Auf der Streuobstwiese reifen im Spätsommer rote und grüne Apfelsorten. Ansonsten ist die Reißinsel wild bewachsen und der richtige Ort für Entdecker.

ihn um: Kurzerhand stellte er die Insel den Bürgern zur Verfügung. Glück gehabt! Etwa 60 verschiedene Vogelarten brüten hier, seltene Pflanzen können ungestört wachsen. Der nördliche Teil der Insel ist als Bannwald geschützt. Hier lässt man der Natur freien Lauf, ganz ohne forstwirtschaftliche Eingriffe. Achtung: Der Zugang zur Insel ist in der Vogelbrutzeit von März bis einschließlich Juni gesperrt.

Auf der Reißinsel geht es zunächst auf einem schmalen Pfad durch ein kleines Waldstück, dann lichtet sich das Dunkel und der Blick wird frei auf eine große Streuobstwiese. Alte Apfelsorten reifen hier zwischen Gräsern und bunten Blumen – ganz zur Freude der Bienen. Das Pflücken der Äpfel ist allerdings strengstens verboten! Dem Carl-Reiß-Weg nach links folgen und auch an der nächsten Gabelung links halten.

Zwischen Bäumen verläuft rechter Hand parallel der Strandbadweg. Diesen Weg nach rechts einschlagen, bis am Rhein das Strandbad zwischen den Bäumen in Sicht kommt. Hier ist zwar das Baden im Rhein verboten, das Flair des Mannheimer Lidos aus den Zwanzigerjahren hängt dennoch in der Luft. Im trubeligen Bistro Oro gibt's in lockerer Atmosphäre italienisches Essen zum Abholen

an der Theke. Am besten, man schnappt sich zum Sonnenuntergang einen der Stühle und macht es sich mit Pizza und Aperol Spritz am breiten Strand bequem.

WASSER TRETEN

⋝ ... in der Heidelberger Altstadt ⋜

Besonders bei gutem Wetter ist in der Heidelberger Altstadt gerne mal viel los. Schön, wenn man mit dem eigenen Tretboot entspannt über den Neckar schippern kann und dabei sozusagen in erster Reihe sitzt: Das Schlosspanorama und die Alte Brücke sind in ihrer ganzen Pracht zu bewundern.

Nur mit Ruderern und Enten teilt man sich hier meist den Platz auf dem Wasser – und mit dem einen oder anderen Ausflugsschiff, das sich auf den Weg ins Neckartal begibt.

Direkt neben der Theodor-Heuss-Brücke schaukelt der Bootsverleih am Neckarufer friedlich im ruhigen Wasser. An der Neckarwiese auf der Neuenheimer Seite gibt es von April bis Oktober Tret- und Motorboote zum Ausleihen (www.tretbootverleih-hd.de). Wer ein bisschen die Ruhe genießen will und am liebsten gemächlich durchs Wasser plätschert, wählt ein Tretboot und versucht, beim Einsteigen vom Steg in das schaukelnde Gefährt möglichst elegant auszusehen. Einmal auf dem Wasser, stellt sich sofort das Urlaubsgefühl ein. Eine frische Brise umweht die Nase, die Sonne glitzert auf dem Wasser, und die Hektik der Stadt ist einige Pedaltritte entfernt.

Der Weg führt nah am Ufer an der Altstadtseite entlang in Richtung der Alten Brücke. Hier, am rechten Ufer, sind auch die großen Ausflugsschiffe vertäut, während links die schnellen Ruderer an einem vorüberziehen. Gegenüber reihen sich die schicken Villen an der Neuenheimer Landstraße auf, dahinter ragt der Heiligenberg in den blauen Sommerhimmel. Die Mitte des Flusses ist den schnelleren und größeren Schiffen vorbehalten, es bietet sich daher eine ufernahe Runde zwischen Theodor-Heuss- und Alter Brücke an. Achtung, zu nah ans Ufer sollte man dabei nicht geraten: Es herrscht Verhedderungsgefahr mit den Wasserpflanzen. Überraschend flott bewegt sich das Boot den Fluss entlang, wenn man in die Pedale tritt. Rechts zieht der Marstall hinter grünen Bäumen vorbei, dann schiebt sich das Schloss langsam ins Blick-

Wieso nicht mal das Schlosspanorama vom Wasser aus genießen? Mit dem Tretboot kann man den Blickwinkel selbst festlegen.

feld. Zeit, mal etwas langsamer zu treten und den Ausblick zu genießen. Neben dem Tor der Alten Brücke, die eigentlich Karl-Theodor-Brücke heißt, ragt stolz die Statue von Kurfürst Karl Theodor in den Himmel, dem Bauherrn und Namensgeber dieser Überführung.

Achtung: Unterqueren sollte man die Alte Brücke übrigens nicht. Denn auf der anderen Seite wartet schon die Heidelberger Schleuse, die die Neckarschiffer und Ausflugskreuzer durchqueren, um in das Neckartal zu gelangen. Kleine Tretboote wenden hier also ganz brav – Schulterblick nicht vergessen –, um auf der anderen Seite zurück Richtung Bootsverleih zu schippern.

Der Blick zurück lohnt sich: Die grünen Bergkuppen von Königstuhl und Co. umrahmen nun die Altstadt und das Schloss, und aus jeder Perspektive verändert sich das Panorama ein bisschen. Wer noch nicht genug hat, erkundet die unbekannten Gewässer jenseits der Theodor-Heuss-Brücke.

FAZIT: MITTEN IN DER STADT AUF DEM WASSER ENTSPANNEN UND NEUE PERSPEKTIVEN ENTDECKEN. AUF ZU NEUEN UFERN!

Hin & weg: Linie 5 bis Brückenstraße oder Linie 34 bis Bergstraße.

Beste Zeit: April bis Oktober.

Dauer & Strecke: Min. 30 Min., dann Aufschlag pro weiteren 10 Min.

Ausrüstung: Bargeld für Miete und Kaution.

HITZEFREI

 ... im Käfertaler Wald in Mannheim

Ein heißer Sommernachmittag. Schnell raus aus den Häuserschluchten und in den Schatten des Käfertaler Walds! Im wohl liebsten Naherholungsgebiet Mannheimer Familien warten wilde Tiere in sicheren Gehegen und ein Kneippbecken, in dem sich überhitzte Stadtbewohner wieder auf Normaltemperatur bringen können.

#rundumdenKarlstern #WaldWildWasser #KneippseiDank

Die Straßenbahn fährt direkt bis zum Käfertaler Wald. Von dort sind es nur ein paar Minuten zum Karlstern, dem Treffpunkt für alle Spaziergänger und Jogger. Sobald man den Wald betritt, wird es angenehm kühl. Im Pavillon am Karlstern kann man ein erstes Mal verweilen, Unentschiedene planen hier dank der Wanderkarte an der Abzweigung zur Kastanienallee ganz spontan ihre Touren.

Sternförmig gehen breite Wege vom Pavillon ab, dazwischen führen kleinere Pfade in den Wald hinein. Rund um den Karlstern gibt es so einiges zu entdecken: Ein Spielplatz lockt nicht nur Kleine auf Wippe, Schaukel und Co. Auch Minigolf- und Tischtennisanlagen sind ganz in der Nähe. Wer Wild, Wald und Wasser sucht, zieht in Richtung Vogelpark auf der Kastanienallee weiter und stattet Paradiesvögeln,

Falken und Uhus einen Besuch ab. Danach geht's auf der Allee weiter, bis ein mit der Nummer 3 markierter Weg rechts zur Liegewiese abzweigt.

Ein Abstecher zum Karlsternweiher darf auch nicht fehlen. Der Nummer 3 weiter folgen, um dann auf den Rundpfad um den Karlsternweiher abzubiegen. Wo ist er denn, der Weiher? Alles ziemlich dicht bewachsen hier! Von der Aussichtsplattform am westlichen Zipfel lässt sich ein Überblick verschaffen.

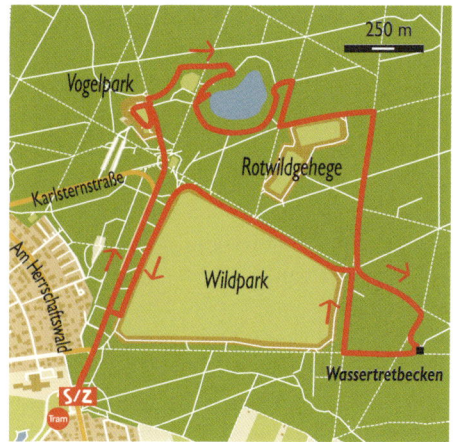

Nach Weiherumrundung der Markierung Nummer 2 folgen, bis man das Rotwildgehege erreicht. Hirsche mit mächtigen Geweihen blicken einem neugierig entgegen. Die Stadt scheint unendlich weit entfernt.

Dann auf dem Alten Postweg weiter bis zur Langen Allee und dort links abbiegen. So langsam wird es auch im Schatten der Bäume warm. Gut, dass die wohlverdiente Abkühlung schon ganz in der Nähe ist. Ein Pfad führt

Die Abkühlung in der Kneippanlage erfrischt vor allem an heißen Sommertagen, majestätische Hirsche und reichlich Grün warten rund ums Jahr auf einen Besuch.

rechts zwischen den Bäumen zur Kneippanlage. Eiskalt ist das Wasser, so soll es sein. Herrlich erfrischend ist auch ein Bad im Armbecken direkt nebenan. Und zwischen den einzelnen Gängen kann man wunderbar bei Picknick und Lieblingslektüre entspannen. Was gibt es im Hochsommer Schöneres als eine kleine Auszeit im Wald, bei der man gelegentlich die Füße ins kühle Wasser hängen kann?

Auf dem Rückweg zum Karlstern liegt das zweite, größere Wildgehege. In der Dämmerung blicken einem Damwild, Bisons und Mufflons entgegen. Auch witzig anzuschauen: Wildschweine, die Abkühlung suchen und sich mit ihren Frischlingen vergnügt im Schlamm suhlen.

Zurück in die Stadt bringt einen die Straßenbahn von der Haltestelle Käfertaler Wald. Den Sommerabend lässt man am besten an der Neckarwiese ausklingen, zum Beispiel unterhalb der Alten Feuerwache. Kühle Getränke gibt's im Kiosk beim Projekt ALTER (www.alter-mannheim.de).

Hin & weg: Linie 4, 4A bis Käfertaler Wald.

Beste Zeit: Frühling bis Herbst.

Dauer & Strecke: 2 Std., 7 km.

Ausrüstung: Ggf. Picknick und Lektüre.

FAZIT: SO NAH, SO GUT. ERST GIBT'S WAS ZUM SCHAUEN, DANN DIE ERFRISCHUNG FÜR MÜDE FÜßE. EINE WAHRE WOHLTAT BEI SOMMERHITZE.

→ ABSTECHER...

DIE SINNE SCHÄRFEN

⊰ ... im Luisenpark in Mannheim ⊱

#8

Den Luisenpark kennt in Mannheim jeder: Er ist einer der schönsten Flecken der Stadt, die meisten Mannheimer sind hier sozusagen aufgewachsen. Entsprechend voll kann es nachmittags und am Wochenende werden. Wer es etwas ruhiger mag, erkundet den Park am besten an einem Wochentag morgens zur Parköffnung.

tern im Schatten der Bäume versteckt. Der Parkplan, den man am Eingang erhält, weist übrigens den Weg zu den Kunstobjekten.

Neben den visuellen Freuden gibt's auch etwas auf die Ohren: In der Klangoase am Fuß des Fernsehturms ertönen sphärische Klänge aus sechs versteckten Lautsprechern in umliegenden Bäumen. Der Mannheimer Musiker und Komponist Peter Seiler komponierte und arrangierte in den 1990er-Jahren die Musik für den Ort: entspannend, friedlich und wunderbar passend zur sonnigen Umgebung. Den Tastsinn darf man auf dem Hand- und Barfußpfad am Gebirgsbach schärfen. Am Morgen kann man hier ganz ungestört vor sich hin fühlen und tasten.

Vögel zwitschern, Tautropfen benetzen das Gras, Sonnenstrahlen erleuchten Blüten und Blätter. Die Luft ist angenehm frisch, aber die Sonne gibt noch mal alles. Ein Septembermorgen im Luisenpark. Der perfekte Ort und die perfekte Zeit für einen ausgedehnten Spaziergang. In der himmlischen Ruhe des gerade erwachenden Parks lässt sich so einiges entdecken, das sonst im Trubel untergeht.

Da wären zum Beispiel die rund 30 Skulpturen, die im ganzen Park verteilt sind. Die »Haarwaschende« von Martin Mayer vergnügt sich in einem Brunnen neben der Klangoase und scheint die frische Morgenluft ebenso zu genießen wie ihre Besucher. Gianpietro Carlessos »Innerer Konflikt« ist auf der Ruhewiese ganz mit sich selbst beschäftigt, während Anna Mahlers »Torso« sich schüch-

Währenddessen drehen die Gondolettas auf dem Kutzerweiher unbeirrt ihre Runden. Fahrgäste gibt es noch keine – es hat etwas Meditatives, den Booten bei ihren geisterhaften Runden zuzuschauen. Die Karpfen scheinen ihnen dumpf hinterherzustarren, während ein stattlicher Reiher sich auf dem Dach des Teehauses sonnt. Die Pinguine auf der anderen Seite des Parks bekommen gerade neues

Hin & weg: Linie 6, 6A bis Luisenpark / Technoseum oder Linie 5 bis Fernmeldeturm.

Beste Zeit: Frühling bis Herbst.

Dauer & Strecke: Eine schnelle Runde durch den Park dauert ca. 40 Min., lässt sich aber beliebig ausweiten.

Ausrüstung: Wenn es warm genug ist, ein Buch für die Liegewiese.

Gespannt warten die Pinguine im gerade geleerten Becken auf neues Wasser, während auf der Liegewiese und am Gebirgsbach noch meditative Ruhe herrscht.

Wasser und rutschen einer nach dem anderen auf dem Bauch ins Becken hinab.

Beeindruckend leer ist es auch auf der sonst so trubeligen Spielwiese. Auf einer der blauen Liegen kann man entspannt ein Buch lesen und zuschauen, wie sich der Park langsam füllt. Und sich über das Gefühl freuen, den Luisenpark endlich mal ganz persönlich kennengelernt zu haben.

Tipp: Im Anschluss lohnt sich ein Besuch im Technoseum (www.technoseum.de) nebenan.

Auch hier dürfen die Ausstellungen zu Technik und Arbeit mit allen Sinnen erlebt werden – samt spannender Mitmachmöglichkeiten, nicht nur für Kinder.

POSEN IM GRÜNEN

... rund um den Wasserturm in Mannheim

Am Friedrichsplatz ist ein buntes Treiben zu beobachten: Menschen, die für Fotos posieren, flanieren, mit ihren Hunden Gassi gehen. Ist ja jetzt auch offiziell ein Hobby: »people watching«. Die künstlerischen Gegenstücke gibt's im Neubau der Kunsthalle direkt nebenan – samt Ausblick von der Dachterrasse.

An einem Samstagvormittag füllt sich der Platz um den großen Brunnen schnell. Menschen strömen aus den Mannheimer Planken

Richtung Wasserturm, ein Eis in der Hand. Sie fahren mit dem Fahrrad oberhalb des Brunnens vorbei oder kommen mit ihren Hunden aus den umliegenden Straßen für einen kleinen Spaziergang. Fängt man einmal an, darauf zu achten, sieht man es überall: Rund um den Wasserturm scheint sich der Ort für die perfekten Mannheim-Selfies zu befinden. Ist ja auch schließlich schön hier! Viele Menschen halten am Eingang der Augustaanlage

---

Hin & weg: Linien 2, 3, 4, 4A, 6, 6A, Haltestelle Wasserturm.

Beste Zeit: Frühling und Sommer.

Dauer & Strecke: Solange man mag.

Ausrüstung: Einfach hingehen.

Zentauren, Sphinxe und andere mythologische Wesen schmücken die Jugendstilanlage um den Mannheimer Wasserturm.

oder unten am Brunnen, machen Fotos von sich oder lassen sich fotografieren.

Spaß am »people watching« macht es bekanntlich, sich Geschichten zu den anderen Personen auszudenken. Wo die wohl alle herkommen? Sind das Mannheimer oder eher Touristen? Ganz oben auf der Turmspitze posiert Amphitrite, in der Mythologie die Frau des Meeresgottes Poseidon, mit ihrem Dreizack und antizipiert damit das Geschehen zu ihren Füßen.

Wem es rund um den Wasserturm zu voll wird, der dreht eine Runde, an den Sphinxen und den Zentauren vorbei, und erkundet den Neubau der Kunsthalle. Der fügt sich nämlich sehr gut in den Jugendstilplatz ein. Drei-

zehn Ausstellungsräume umfasst der 2018 eröffnete Bau, und einige davon öffnen sich zum Friedrichsplatz. Und so schaut man hier drinnen Skulpturen wie Hermann Blumenthals »Sitzender mit Tuch« vor der grünen Kulisse des Friedrichsplatzes an, während im Hintergrund wiederum Menschen auf der Wiese sitzen und für Fotos posieren. Besonders schön ist auch der Blick von der Terrasse, die eine ganz neue Perspektive auf den altbekannten Wasserturm bietet.

FAZIT: MENSCH ODER SKULPTUR? VOR WUNDERSCHÖNER KULISSE VERSCHWIMMEN (FAST) DIE GRENZEN. PEOPLE WATCHING 2.0.

SCHLAG-ABTAUSCH

 ... auf der Neckarwiese in Heidelberg

#10 *Sobald die ersten Sonnenstrahlen die Stadtluft erwärmen, begibt man sich auf die Neckarwiese. Wer vom ganzen Rumlungern vor wunderschöner Fluss- und Bergkulisse Bewegungsdrang verspürt, schnappt sich Schläger und Ball und lässt sich von der Sportart Crossminton in einen Geschwindigkeitsrausch versetzen.*

#aufderNeckarwiese #darfseinbisschenSportsein #probiersmalmitCrossminton

Wie Federball, nur schneller: Crossminton ist der perfekte Zeitvertreib für sonnige Tage am Neckar.

Crossminton ist die coole, junge Schwester von Badminton. Die Sportart wurde Anfang der 2000er-Jahre in Berlin erfunden, fühlt sich an wie eine Mischung aus Tennis, Squash und Federball und kann eigentlich überall gespielt werden. Heute gibt es einen Weltverband und internationale Turniere. Das Spiel ist dank des schwereren Federballs weniger windempfind-lich – und auch deutlich schneller. Die An-schaffung lohnt sich also, wenn man schon häufiger beim Badmintonspielen festgestellt hat, dass es für einen vernünftigen Ballwech-sel zu windig ist.

Man nehme: zwei Crossminton-Schläger, einen Ball (Speeder genannt), einen Mitspieler oder eine Mitspielerin und eine große, grüne Wiese, zum Beispiel die Heidelberger Neckarwiese. Vorne in Richtung Neuenheimer Feld ist genug Platz zum Spielen, ein Netz braucht es nicht.

Je nach Härte des Aufschlags sollte man beim Crossminton etwas größeren Abstand zwischen den Spielern lassen. Alte Badminton-Hasen sind zunächst oft überrascht, wie weit

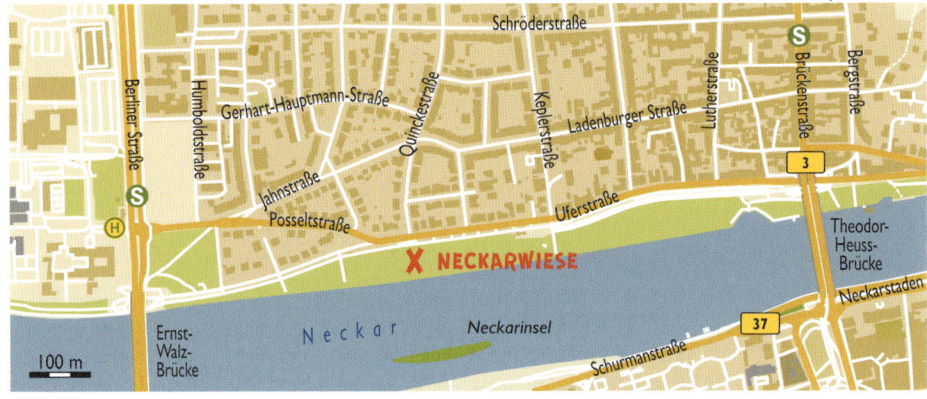

![Picknickdecke mit Schlägern und Ball auf grüner Wiese]

Damit die Erholung nicht zu kurz kommt, bietet sich zwischen den Matches eine Pause auf der Picknickdecke an, inmitten von grünem Gras.

so ein Ball doch fliegen kann. Hat man sich daran gewöhnt, steht einem rasanten Match nichts mehr im Wege. Bei Profis kann der Speeder schon mal mit 300 Kilometern pro Stunde durch die Luft sausen ... Wer sich für die genauen Regeln interessiert, kann diese auf den Seiten des Deutschen Crossminton-Verbands nachlesen (www.crossminton.de).

Übrigens: Wer sich keine Crossminton-Ausrüstung anschaffen möchte, findet auf der saftig grünen Heidelberger Neckarwiese trotzdem etwas zu tun. Es sind Beachvolleyball-Plätze eingerichtet, und eine große Flagge gibt den westlichen Teil für den Ballsport frei. Fußball, Badminton, Slacklinen oder eben doch nur das gute alte Picknick: Endlose Sommernachmittage verbringt man am besten am Neckar.

Hin & weg: Linie 21, 24 bis Jahnstraße, Linie 5, 23 bis Brückenstraße.

Beste Zeit: Frühling bis Herbst.

Dauer & Strecke: Je nach Kondition.

Ausrüstung: Crossminton-Set (oder Fußball, Badminton, Slackline ...), ggf. Verpflegung.

JETZT WIRD'S ROMANTISCH

 ... auf der Maulbeerinsel in Feudenheim

#11

Schöne Blicke aufs Wasser gibt es auf der Maulbeerinsel eine ganze Menge: Sie ist gerade mal 100 Meter breit, dafür aber über drei Kilometer lang. Dazwischen ist Platz für ein großes Naturschutzgebiet mit langen Spazierwegen, Pferdekoppeln und ruhigen Picknickspots am Wasser.

#Picknickfreuden #Inselspaziergang #malwiederaufdieMaulbeerinsel

An lauen Sommerabenden, wenn die Sonne schon tief über dem Neckar steht, ruft die Maulbeerinsel. Auf Höhe der Feudenheimer Schleuse ist sie zu Fuß oder mit dem Fahrrad von Feudenheim und Neuostheim aus zugänglich. Die Feudenheimer Schleuse ist die letzte von 27 Neckarschleusen, bevor der Neckar nördlich der Mannheimer Innenstadt in den Rhein fließt. Es macht übrigens nicht nur Kindern Spaß, die Schleusenkammern beim Zu- und Abpumpen zu beobachten.

Richtung Westen liegt das Naturschutzgebiet Unterer Neckar. Großherzogin Stephanie von Baden wollte hier in den 1820er-Jahren Seidenraupen züchten und ließ dafür Weiße Maulbeerbäume pflanzen. Zur Insel wurde die Maulbeerkolonie erst um 1930, als der

Neckarkanal gebaut wurde. Wer sich bis zur Spitze der Insel durchs Dickicht schlägt, wird mit einem schönen Blick auf die Mannheimer Innenstadt belohnt.

Lust auf ein Picknick am Wasser? Richtung Osten führt von der Schleuse ein breiter Weg zwischen großen, alten Bäumen an Wiesen und Weiden entlang. Pferde grasen in der war-

Die Neckar-Odenwald-Panoramen sind schwerlich zu übersehen, aber auch kleine Details am Wegesrand sind einen Blick wert – wie ein Schwan im nassen Sand oder ein Weißdornbusch voller reifer Früchte.

men Sonne. Beim Wassersportverein geht es rechts runter ans Wasser. Danach wechselt man über den Parkplatz auf die andere Inselseite und geht am Neckarkanal weiter in Richtung Osten. Am Ende der Insel liegt das Wasserkraftwerk, das man nun überquert. Streng genommen befindet sich der Picknickspot bereits im Wörthel und nicht mehr auf der Maulbeerinsel. Das macht aber rein gar nichts: Die große Wiese beim Stauwerk bietet

einen schönen Blick auf den Neckar. Achtung: Es handelt sich um ein Naturschutzgebiet, das Grillen ist also verboten. Ein schönes, naturverträgliches Picknick lässt sich hier im Licht der untergehenden Sonne dennoch ganz wunderbar veranstalten.

FAZIT: PICKNICK AM WASSER BEI SONNEN-UNTERGANG. KANN MAN MAL MACHEN!

Hin & weg: Linie 5 bis Holbeinstraße oder Linie 2 bis Neckarplatt.

Beste Zeit: An warmen Tagen.

Dauer & Strecke: Inkl. Picknick rund 3 Std., 6 km.

Ausrüstung: Picknickdecke und Leckereien.

DÜNEN-SPAZIER-GANG

 ... im Dossenwald

#12

Zwischen Rheinau, Friedrichsfeld und Schwetzingen entdecken Spaziergänger an einem Herbsttag Dünen aus der letzten Eiszeit, Wildschweine, die sich zufrieden im Schlamm suhlen und bunte Blätter in der Sonne. Und dann wartet da noch der höchste natürliche Punkt Mannheims.

Die Markierung Nummer 2 zeigt den Weg durch den idyllischen Dossenwald: Wildschweine schnüffeln im weichen Sand, ein Buntspecht versteckt sich zwischen gelben Blättern.

Einen ersten Überblick bietet die Wanderkarte am Parkplatz Rothlochweg, Ecke Friedrichsfelder Weg, der von der Haltestelle Waldseestraße in gut 20 Minuten zu Fuß zu erreichen

ist. Wer nun der Markierung Nummer 2 folgt, gelangt zunächst zu den Wildgehegen. Wildschweine und ihre Frischlinge bevölkern das eine, Auerochsen und Mufflons das andere Gehege. Zufrieden wälzt sich der enorme Eber im Schlamm, während die Frischlinge neugierig ihren Besuchern entgegenblicken. Die benachbarten Auerochsen halten lieber ein wenig Abstand.

Weiter geht es an den nördlichen Rand des Naturschutzgebiets. Wo die Sonne den sandigen Boden erwärmt, duftet es nach den trockenen Kiefernnadeln, die hier allgegenwärtig sind. Mit etwas Glück lässt sich ein Buntspecht bei der Arbeit nicht nur hören, sondern auch beobachten. Nach der Schleife durch den nördlichen Teil des Dossenwalds überquert die Markierung Nummer 2 den Friedrichsfelder

Weg. An einer Biegung öffnet sich der Blick über Äcker und Wiesen. Hier führt nun der Naturlehrpfad mit dem kleinen Tannensymbol an den Dünen entlang.

Sandiger Boden und Kiefernwäldchen – das fühlt sich ein bisschen nach Strandurlaub an! Im Dossenwald hat der Wind in der letzten Eiszeit Sandbänke vom Rhein ins Landesinnere gewirbelt und Baden-Württembergs bedeutendstes Flugsandgebiet entstehen lassen. So wurde auch der höchste natürliche Punkt Mannheims geschaffen, der sich auf der Spitze einer alten Düne befindet. Am Eichhörnchenweg zeigt ein Wegweiser die Richtung zum Gipfel, der knapp 20 Meter höher liegt als die Innenstadt. Oben begrüßt ein kleines Gipfelkreuz die mutigen Bergsteiger, die den Aufstieg gewagt haben.

Von hier geht's ein kleines Stück auf dem Eichhörnchenweg entlang, dann rechts und bei der Kreuzung mit der Markierung Nummer 5 direkt wieder links und schließlich zurück zum Ausgangspunkt.

FAZIT: SCHÖNER WALDWEG, DER AUßER-DEM FÜR GUTEN GESPRÄCHSSTOFF SORGT (»WUSSTET IHR, DASS ES IN MANNHEIM DÜNEN GIBT?«).

Hin & weg: Linie 1 bis Waldseestraße, dann zu Fuß.

Beste Zeit: Ganzjährig.

Dauer & Strecke: 2–3 Std., 9,5 km.

Ausrüstung: Handy, für das Beweis-Selfie am Gipfelkreuz.

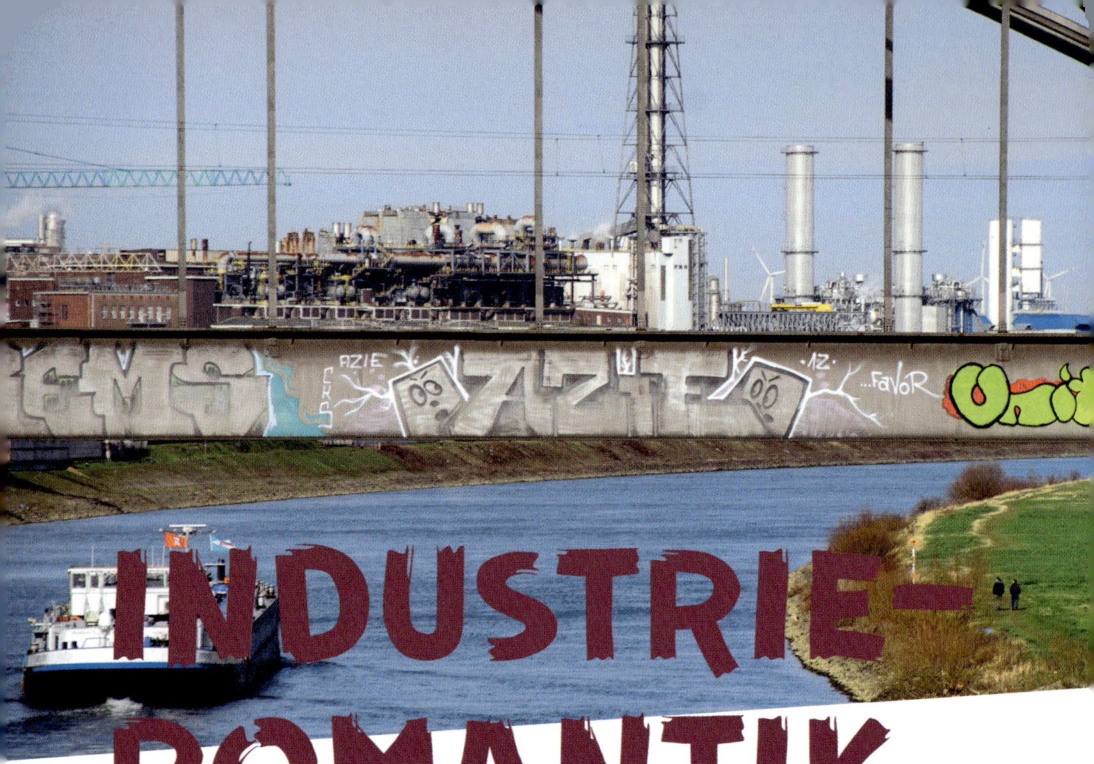

INDUSTRIE-ROMANTIK

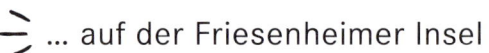

... auf der Friesenheimer Insel

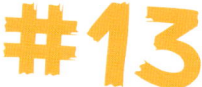

#13

Auf der Friesenheimer Insel nördlich der Mannheimer Innenstadt gibt's riesige Speicher und Kräne, dampfende Schlote und rote Backsteinbauten. An Schleusen warten voll beladene Schiffe, und an so manchem Kanal findet sich ein denkmalgeschütztes Zeugnis der Industrialisierung. Dahinter liegen grüne Rheinauen ...

#MannheimerHafentour #IndustrieundNatur #derMannheimerMix

Zwischen Schloten und Fabriken versteckt sich das eine oder andere Backsteinjuwel.

Los geht's mit dem Fahrrad an der Jungbuschbrücke, die in Richtung Neckarstadt überquert werden möchte. Wer sich die Zeit nimmt, einen Blick in beide Richtungen zu werfen, erkennt bereits: Aus dem grünen Idyll im Odenwald fließt der Neckar hierher, durch das laute Industrie- und Hafengebiet muss er noch durch, bevor er vorne an der Neckarspitze in den Rhein mündet. Wer nun dem Fluss folgt und dabei das blaue Symbol für den Rheinradweg im Blick behält, begibt sich auf eine Tour durch ein Hafen- und ein Naturschutzgebiet, die Industrieromantikerherzen höherschlagen lässt.

Am Ende des Neckardamms scharf rechts befindet sich die Kammerschleuse, über die es nun auf die Friesenheimer Insel geht. Olfaktoriker bemerken ein Duftwirrwarr – der typische Mannheimer Hafengeruch mischt sich mal mit Schokolade, mal mit Kaffee, dann wieder riecht es nach Sand. Wer sich davon nicht beirren lässt, findet zwischen Schrebergärten und Industriebauten auf dem ausge-

schilderten Fahrradweg über die Insel. Über die Straße An der Kammerschleuse und über die Einsteinstraße erreicht man die große Diffenéstraße, wo der mächtige MVV-Schlot in den Himmel ragt. Ab hier führt nun die Otto-Hahn-Straße Radfahrer parallel zur großen Straße weiter.

Jetzt bloß nicht den Schwung verlieren! Hoch auf die Brücke über den Bonadieshafen führt ein steil gewundener Fahrradweg. Oben auf der Brücke lohnt sich wieder der Blick über Wasser, Kräne und Schornsteine. In Sandhofen radelt man schließlich kurz durch das Wohngebiet, bevor der Radweg sich wieder Richtung Rhein und offenes Feld schlängelt. Grüne Felder und unbebaute Weite schaffen Abwechslung zum Industriehafen. So weit der Sattel noch trägt, durchquert man das fried-

liche Landschaftsschutzgebiet Ballauf-Wilhelmswörth, das sich bis nach Lampertheim den Rhein entlangzieht. In Richtung Sandhofen versteckt sich der Wilhelmswörthweiher zwischen den Bäumen.

Auf dem Rückweg lohnt sich für Architekturfans ein Abstecher in die Friesenheimer Straße zur Genossenschaftlichen Burg, einem Symbol der Arbeiterbewegung. Das denkmal-

Hin & weg: Linie 2 bis Dalbergstraße oder Bgm.-Fuchs-Str. oder RB bis Mannheim-Neckarstadt.

Beste Zeit: Frühling bis Herbst.

Dauer & Strecke: Hin und zurück ca. 2,5 Std., 25 km.

Ausrüstung: Fahrrad, Fahrradhelm, Trinkflasche und belegte Brote.

Der Wilhelmswörthweiher außerhalb des Hafengebiets ist zwischen Bäumen und Gräsern gar nicht so leicht zu finden. Der Schlot der alten Zellstofffabrik ist hingegen von Weitem deutlich zu erkennen.

geschützte Gebäude mit seinen imposanten Backsteinmauern stammt aus den 1920er-Jahren und ist im Stil der Neuen Sachlichkeit erbaut. Dank dem Verein Rhein-Neckar-Industriekultur informiert eines von insgesamt 30 Schildern, die im Hafen verteilt sind, an der Einfahrt über die Geschichte des Baus. Wer mehr über Mannheims Industriedenkmäler erfahren möchte, macht eine Hafenrundfahrt mit der MS Kurpfalz oder informiert sich beim Verein Rhein-Neckar-Industriekultur über bevorstehende Führungen und Veranstaltungen (www.rhein-neckar-industriekultur.de).

FAZIT: ERST HAFEN- UND INDUSTRIEFLAIR, DANN WEITE, GRÜNE WIESEN. EINE ECHTE MANNHEIMER ERKUNDUNGSTOUR.

DAS RHEINGOLD ENTDECKEN

≥ ... auf der Parkinsel in Ludwigshafen ≤

#14

Die Natur läuft auf der Parkinsel vor allem im goldenen Herbst zur Hochform auf. Am Rheinstrand schlendern bei Niedrigwasser Spaziergänger auf dem breiten Kieselstreifen vor der bunten Kulisse des gegenüberliegenden Waldparks, dessen Spiegelung das Wasser des Rheins goldgelb zum Leuchten bringt.

Hat sich da jemand beim Zifferblatt vertan? Nein, es handelt sich um eine Pegelstandsanzeige aus dem Jahr 1900.

Auf die Parkinsel lockt das Festival des deutschen Films im Sommer regelmäßig 100 000 Besucher, die unter den großen Bäumen die Filme genauso genießen wie die einzigartige Strandatmosphäre. Den Rest des Jahres ist das Eiland beliebtes Ziel für Spaziergänger und Ausflügler aus Ludwigshafen und der Region. Wer sich im Herbst auf die Insel zwischen Luitpoldhafen und Rhein begibt, darf ein bunt gefärbtes Blättermeer bewundern. Ein guter Start für einen Rundgang ist die nördliche Spitze bei der Inselbastei, die die Jesuitenkirche und die Konrad-Adenauer-Brücke erspähen lässt. Weiter geht es dann an der dem Rhein zugewandten Seite der Insel auf der Hannelore-Kohl-Promenade.

Hin & weg: Buslinie 77 bis Rheinallee Süd.
Beste Zeit: Ganzjährig, im Herbst besonders schön.
Dauer & Strecke: Knapp 2 Std., 4,5 km.
Ausrüstung: Einfach hingehen.

Auch Hunde genießen offensichtlich die Strandspaziergänge in der Herbstsonne.

Bei Niedrigwasser wird der Kieselstrand noch breiter als gewöhnlich. Hier ist ein richtiger Strandspaziergang unten am Wasser möglich. Die gegenüberliegenden, ebenso bunten Bäume tauchen das Wasser des Rheins in ein warmes Licht. Schließlich endet der breite Strand, und die Promenade führt oben vorbei an grünen Wiesen bis zur Pegeluhr, die sich am Luitpoldhafen am südlichen Ende der Insel befindet. Die Uhr mit ihren zehn Ziffern zeigt – wie der Name bereits vermuten lässt – nicht die Uhrzeit, sondern den Wasserstand im Rhein und ist das Wahrzeichen der Parkinsel.

Durch den Auenwald führt der Weg zurück zur Inselbastei. In den alten Platanen, deren riesige Kronen von der Herbstsonne rötlich beleuchtet werden, wohnt eine Kolonie der grünen Halsbandsittiche, die man in der Region

bereits seit den 1970er-Jahren beobachten kann. Die Platanen sind für die ursprünglich in Asien und Afrika heimischen Tiere der perfekte Schlafplatz. Mit diesem schönen, urwäldlichen Eindruck ist der Ausgangspunkt der Runde erreicht. Entweder geht es über die »Schneckennudel«-Fußgängerbrücke zurück aufs Festland oder zum Abendessen in die Inselbastei.

FAZIT: INDIAN SUMMER AUF DER PARK-INSEL – HIER FÜLLT MAN NOCH MAL KRÄFTIG DIE VITAMIN-D-RESERVEN FÜR DEN WINTER AUF.

MORGEN-RUND'

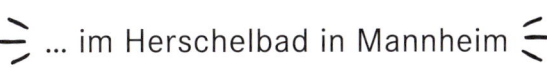 … im Herschelbad in Mannheim

 Mitten in den Quadraten wartet das Herschelbad auf frühe Vögel, die vor der Arbeit eine Runde schwimmen möchten. Belohnt werden diese mit der Jugend-stilpracht des Baus und einer schönen Retro-Atmosphäre. Und dem unvergleich-lichen Gefühl, dem inneren Schweinehund so richtig eins ausgewischt zu haben.

·STÄDTISCHES·HALLENBAD·
HERSCHELBAD

Dienstags und mittwochs öffnet das Mannheimer Herschelbad bereits um 6.15 Uhr
seine Türen, donnerstags und freitags kann
man ab 8.00 Uhr baden. Und es lohnt sich,
den Wecker mal etwas früher zu stellen, denn
morgens ist hier für gewöhnlich nicht allzu
viel los, und die wenigen anderen Badegäste
möchten ebenfalls ganz entspannt ihre Bah-
nen ziehen.

Bereits in der Eingangshalle wird es prachtvoll – hier erinnert nichts an deprimierende
Schwimmbad-Funktionsbauten. Die Halle I
ist für Besucher geöffnet, in Halle II und III
finden Babyschwimmen und Schulunterricht
statt. Eine kleine Besonderheit: An einem
Automaten am Eingang lösen Besucher einen
Schlüssel für eine persönliche Kabine, in

Von innen wie von außen eine Pracht: Der jüdische Kaufmann Bernhard Herschel stiftete Anfang des 20. Jahrhunderts eine halbe Million Goldmark. 1920 wurde der Bau schließlich eröffnet.

der dann auch alle Habseligkeiten verstaut werden können. Die Kabinen reihen sich am Beckenrand und oben auf der Galerie auf – keine Sorge, es sind genug für alle da. Die Schwimmhalle betritt man also direkt aus der Kabine. Damit nun niemand auf falsche Gedanken kommt, weist ein altes Schild neben der Treppe darauf hin, dass das Haaretönen

Hin & weg: Linien 1, 3, 4, 5, 7, Haltestelle Neckartor.

Beste Zeit: Ganzjährig, Öffnungszeiten und mehr unter www.herschelbad-mannheim.de

Dauer & Strecke: Ganz nach Kondition.

Ausrüstung: Schwimmsachen. Der Zugang zum Wellnessbereich kostet einen Aufpreis. Massagen sind nach Anmeldung vor Ort oder per Telefon (0621 2937168) möglich.

in der Schwimmhalle nicht gestattet ist. Okay, dann eben nicht!

Lust auf ausgiebige Entspannung? Wer ein bisschen mehr Zeit mitgebracht hat, sollte unbedingt einen Abstecher nach oben in den Wellnessbereich unternehmen. Vor allem das römisch-irische Dampfbad und das kleine runde Warmwasserbecken mit den schicken türkisfarbenen Kacheln lohnen einen Besuch. Es gibt außerdem zwei finnische Saunen und sogar einen Dachgarten.

FAZIT: SCHON LÄNGER MAL VORGENOMMEN, ABER DANN DOCH NIE GEMACHT? DIE ÜBERWINDUNG LOHNT SICH.

BERGE UND PANORAMEN

... um Schloss und Königstuhl in Heidelberg

#16

In Heidelberg reicht ein kurzer Aufstieg durch den Wald, und schon öffnen sich atemberaubende Ausblicke Richtung Altstadt, Odenwald oder Rheinebene. Wer sich dabei ein bisschen von Schloss und Königstuhl entfernt, hat den Wald immer wieder ganz für sich allein.

#einPanoramajagtdasnächste #Hausbergwanderung #Bahnfreuden

→ ABSTECHER...

Schnurgerade führen die Schienen der historischen Bergbahn hinab zur Molkenkur.

Vom Kornmarkt in Heidelbergs malerischer Altstadt führt der Burgweg hoch zum Schlossgarten. Auch nach Dutzenden Besuchen ist es hier immer noch traumhaft schön: Die stolze Ruine, der Garten vor dem grünen Bergpanorama und der Blick über Heidelbergs Dächer verlieren ihre Wirkung nicht so schnell. Wer sich hier noch nicht gut auskennt, sollte unbedingt in aller Ruhe den Garten erkunden, durchs Elisabethentor treten und den berühmten Ausblick vom Stückgarten über die Rheinebene genießen. Bei gutem Wetter reicht er bis in den Pfälzerwald. Auch eine Führung durch das Schloss lohnt sich immer wieder.

Zurück im Hortus Palatinus, wie der Schloss-garten heißt, lohnt ein Abstecher zum Aussichtspunkt auf der Scheffelterrasse, bevor es östlich des Gartens auf dem Schloss-Wolfs-brunnenweg weiter bergauf geht. Sofort wird es ruhiger und fast ein wenig einsam. An der ersten Abzweigung geht es weiter auf dem Schmeilweg, bis rechts ein Pfad in den Herbst-

Vom Schloss zum Felsenmeer, dann weiter zum Königstuhl: Im Herbst zeigt sich der Wald in warmen Farben und die Aussicht über Altstadt und Rheinebene ist besonders bunt.

wald abzweigt und man die Wohnhäuser hinter sich lässt.

Der Weg durch den Wald passiert die Neuneralm, auf der die Familie Neuner Hochlandrinder züchtet. Es wird also fast alpin! In der nächsten Linkskurve führt rechter Hand ein Pfad hoch Richtung Heidelberger Felsenmeer. Die Felsformationen sind mit einer saftig-grünen Moosdecke überzogen, Farne sprießen aus dem Boden, und zwischendurch schweift der Blick über herbstlich bunte Wälder.

Wer am oberen Ende des Felsenmeers nach einem Wegweiser Aussicht hält, findet den Pfad, der oberhalb der Schutzhütte in den Wald Richtung Königstuhl führt. Nach einem Stückchen stimmungsvoll dunklen Nadelwalds wird es auf der Kuppe des Königstuhls wieder grün und sonnig. Oben angekommen, geht es an Funk- und Fernsehtürmen vorbei zum Aussichtspunkt oberhalb der Bergstation. Auf der Wiese am Berghang heben bei gutem Wetter die Kurpfälzer Gleitschirmflieger ab, Mountainbiker nutzen die Trails in der Umgebung, und nebenan führt die steile Himmelsleiter, eine Steintreppe, hinab zur Molkenkur.

Spaßig ist aber auch eine Fahrt mit der historischen Bergbahn zurück in die Altstadt. Wer eine VRN-Zeitkarte besitzt, fährt kostenlos mit! Im oberen Abschnitt tuckern die beiden historischen Wagen aus dem Jahr 1907 gemütlich bis zur Molkenkur. Die Königstuhlbahn ist die älteste Standseilbahn Baden-Württembergs, wenngleich die Wagen Anfang der 2000er-Jahre grundlegend saniert wurden. An der Haltestelle Molkenkur erfolgt dann der Umstieg in die Molkenkurbahn, die ab der Mittelstation Schloss im Tunnel zurück zum Kornmarkt führt. Wer mag, läuft den letzten Abschnitt zu Fuß bergab.

Hin & weg: S-Bahn bis Heidelberg-Altstadt oder Linie 20 bis Karlsplatz.

Beste Zeit: Ganzjährig bei guter Sicht.

Dauer & Strecke: 3 Std., 10 km.

Ausrüstung: VRN-Ticket oder Kleingeld für die Bergbahn.

KUNST–
FREUDEN

≷ ... beim Spaziergang durch Mannheim ≶

#17

Wer mit offenen Augen durch Mannheim läuft, stolpert immer wieder über ein neues Mural, eines der großflächigen bunten Wandbilder, die graue Fassaden schmücken. Um diese schönen Begegnungen nicht mehr dem Zufall zu überlassen, bietet sich eine kleine selbstgestaltete Street-Art-Tour durch Mannheim an.

#StreetArt #Stadtspaziergang #Kunstentdecken

Das Mural »Aeskulap«
der Wiener Künstlerin
Frau Isa verweist auf
das nahegelegene
Universitätsklinikum.

Die Initiative Stadt.Wand.Kunst holt seit 2013 nicht nur immer wieder Künstler in die Quadratestadt, um diese zu verschönern, sondern verzeichnet online auch ganz genau, was es wo zu sehen gibt (www.stadt-wand-kunst.de). Und so lässt sich ganz einfach ein Rundgang oder eine Fahrradrundtour erstellen, um die Kunstwerke mal genauer in Augenschein zu nehmen. Vorab: Bei der genannten Route handelt es sich um einen Vorschlag, wie sich viele der Bilder an einem Nachmittag zu Fuß erkunden lassen. Es kommen jedoch immer wieder neue Murals dazu, andere verschwinden, weil ein Haus abgerissen wird. Am besten, man informiert sich immer kurz vorher noch mal online.

Los geht's an der Jungbuschbrücke. Die Brücke in Richtung Neckarstadt überqueren und der Straße nach links Richtung Haltestelle

Neckarstadt-West folgen. Rechter Hand befindet sich schon das erste Mural, Waone Interesni Kazkis »Jump through time«. Wer der Ludwig-Jolly-Straße folgt, gelangt zu Satones »Insomnia«. In der Zeppelinstraße wartet Sobekcis' »Motion«, Wandmalereien von den Künstlern Bezt und Sainer (Etam Cru) kann man in der Waldhofstraße entdecken.

Richtung Alte Feuerwache, am Anfang der Mittelstraße, hat der Künstler 1010 eine op-

---

Hin & weg: Linie 2, Haltestelle Dalbergstraße.

Beste Zeit: Ganzjährig.

Dauer & Strecke: 3 Std., ca. 10 km.

Ausrüstung: Fotoapparat.

Waone Interesni Kazkis »Jump through time«, »Baseball Sketch« von Sainer (Etam Cru), das beeindruckend dreidimensionale »Focus on the Good« von 1010 und ASKEs »Modern Thinker« (von links nach rechts).

tische Täuschung an die Seitenfassade eines Hauses gezaubert. Das dreidimensional wirkende Gebilde ist eines der beeindruckendsten Murals in der Stadt mit faszinierender Anziehungskraft. Nach einem kurzen Abstecher zum Einraumhaus am Alten Messplatz, wo der finnische Künstler EGS seine »Old New World Order« auf die Wand gebracht hat, geht es zum Clignetplatz: Im Kleinen Café kann man Erfrischungen, Kaffee und wie immer leckeren Kuchen genießen.

Danach warten Frau Isas »Aeskulap« in der Cheliusstraße und Alexey Lukas »Untitled« am Jugendkulturzentrum Forum, bevor der Collinisteg auf die andere Neckarseite zurückführt. In den Quadraten gibt es noch mal einiges auf die Augen: Stoheads »Rhythm« in S5, in den Quadraten F bis K großartige Werke von The London Police, Sourati, Aske, Low Bros, Yazan Halwani und Herakut. Besonders sehenswert ist außerdem »Europe« von Bezt (Etam Cru) am Rand der Quadrate in E7.

Nach so viel Kunst bietet sich ein Abstecher in den Jungbusch mit seinen Bars und Kneipen an – ist ja nicht mehr weit! Leckere Burger gibt es bei Henriette in der Beilstraße, gute Cocktails mixt man im Hagestolz, für ein zwangloses Bier bietet sich das Blau an.

FAZIT: VON WEGEN GRAU — BEEINDRUCKEND, WAS SICH AN MANNHEIMS FASSADEN SO ALLES ENTDECKEN LÄSST.

DIE MORGENSONNE BEGRÜßEN

⤜ … auf dem Heiligenberg in Heidelberg ⤛

#18

Am frühen Morgen, wenn Heidelberg langsam erwacht, ist man auf dem Heiligenberg ganz allein. Im Winter scheint durch die kahlen Baumkronen die rote Sonne, die im Osten hinter den Bergen hervorklettert.

Auf den Stufen der Thingstätte feierten schon bis zu 20 000 Menschen Walpurgisnacht. An einem Wintermorgen ist hier garantiert weniger los.

Zwei Dinge sprechen dafür, diesen Morgenspaziergang an einem milden Wintertag zu unternehmen, und beide hängen eng miteinander zusammen: Erstens hat man, solange die Bäume keine Blätter tragen, von der Spitze des Heiligenbergs einen schönen Blick auf die aufgehende Sonne. Und zweitens geht diese im Winter zu deutlich humaneren Zeiten auf – im Dezember beispielsweise um kurz nach 8.00 Uhr, im Juni aber bereits um 5.20 Uhr. Und so darf man sich dann an einem klaren Wintermorgen etwas später aus dem Bett quälen und wird beim Bergauflaufen über Schlangenweg, Philosophenweg und Bismarcksäulenweg ganz schnell wach.

Oben bei den Ruinen des Stephansklosters hat man sich dann erst mal eine Verschnaufpause auf der Bank neben dem Aussichtsturm

verdient. Unten liegt das Schloss noch in der Dämmerung, der Mond steht am Himmel und scheint durch die kahlen Äste. Noch ein Stückchen weiter bergauf sind die Ruinen des Michaelsklosters zu finden, das hier 1023 errichtet wurde.

Zunächst betritt man jedoch die zwischen 1934 und 1935 erbaute Thingstätte durch das untere Portal und erklimmt die Stufen zum oberen Ende. Bis vor wenigen Jahren fand auf dieser Freilichtbühne alljährlich die legendäre inoffizielle Walpurgisnachtfeier statt, bei der bis zu 20 000 Menschen die ehemalige NS-Propagandastätte umdeuteten. Aufgrund von Sicherheits- und Brandschutzbedenken ist diese Veranstaltung seit 2017 allerdings verboten. Deutlich stiller und vor allem menschenleer, aber (fast) genauso stimmungsvoll

ist es hier am frühen Wintermorgen: Langsam färbt sich der Horizont im Osten rot und die Sonne tritt als Feuerball allmählich hinter dem Horizont hervor.

> **FAZIT: THINGSTÄTTE UND HEILIGENBERG MAL ANDERS. MENSCHENLEER UND INS LICHT DER AUFGEHENDEN WINTERSONNE GETAUCHT – EIN PRIMA START IN DEN TAG.**

Hin & weg: Buslinie 34 bis Alte Brücke Nord.

Beste Zeit: Winter.

Dauer & Strecke: Der Aufstieg ist etwa 3 km lang und dauert etwa eine Stunde.

Ausrüstung: Kamera und Frühstück – bis man oben ist, kommt der Hunger.

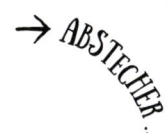

PIROUETTE MIT AUSBLICK

 ... auf der Kunsteisbahn Heddesheim

 **#19**

Ob man an der frischen Morgenluft
Pirouetten drehen möchte oder sich lieber
erst einmal an der Bande entlanghangelt:
Auf der Kunsteisbahn Heddesheim
ist morgens nach Öffnung freie Bahn.
Also Schlittschuhe anschnallen und los!

Die beiden haben es schon drauf – doch auch Anfänger können sich morgens ungestört ins Vergnügen stürzen.

Die Kunsteisbahn Heddesheim hat gleich mehrere Vorteile: Sie liegt draußen an der frischen Luft, die Morgensonne scheint ganz verführe-

risch aufs Eis und der Blick reicht bei gutem Wetter bis zur Bergstraße. Profis gehen natürlich mit eigener Ausrüstung auf die Bahn, Anfänger und Gelegenheitseiskönige und -königinnen können Schlittschuhe günstig ausleihen. Im Kiosk gibt es Snacks und Getränke, falls die Kraft mal nachlässt.

Bis es so elegant aussieht wie bei den zwei elfjährigen Jungs, die da gerade rückwärts

Hin & weg: Von Heddesheim Bahnhof mit dem Bus zu Heddesheim Sportzentrum.

Beste Zeit: November bis Mitte/Ende März.

Dauer & Strecke: Solange man durchhält.

Ausrüstung: Eigene Schlittschuhe, falls vorhanden.

Gegen Mittag füllt sich die Bahn – Zeit für einen Kaffee in der Sonne.

ihre Runde drehen, dauert es bei manch anderen vielleicht noch ein bisschen. Aber Spaß macht es von Anfang an. Besonders, wenn die Eisbahn noch nicht so voll ist: morgens, und wenn möglich unter der Woche. Die Bahn ist täglich außer montags geöffnet. Sollte sie doch einmal geschlossen sein, wird das online angekündigt, damit sich niemand umsonst auf den Weg macht (www.heddesheim.de/kunst eisbahn). Nachteulen finden auf der Website übrigens auch die Termine für die Disco auf dem Eis und weitere Sonderveranstaltungen.

Und dann werden munter die Runden gedreht, bis ein Richtungswechsel angesagt ist. Jeder Eisläufer und jede Eisläuferin in der bevorzugten Geschwindigkeit – man kann sich hier ja auch in einer größeren Gruppe nicht aus den Augen verlieren. Und mit steigender Rundenzahl steigt auch bei jedem der Mut. So richtig elegant gleitet man dann vielleicht schon übers Eis. Wenn es gegen Mittag schließlich voller wird auf der Bahn, gibt's noch einen Kaffee in der Sonne. Ein großartiger Start in den Tag!

FAZIT: BEWEGUNG AUF DEM EIS UND AN DER FRISCHEN LUFT – FÜHLT SICH AN WIE EIN MINI-WINTERURLAUB.

WINTER-SPAZIER-GANG

... auf dem Bergfriedhof in Heidelberg

#20

Der Heidelberger Bergfriedhof ist Kulturdenkmal und Parkanlage zugleich. Seine Statuen und Mausoleen zeugen von 200 Jahren Heidelberger Geschichte, und es gibt so einiges auf seinen Hängen zu entdecken. Anschließend bietet sich der Aufstieg zum malerisch gelegenen Bierhelderhof an.

Kunstvolle Grabsteine, aufwendige Skulpturen und spektakuläre Mausoleen sprechen für einen Besuch des Bergfriedhofs.

Wer aus der Friedhofsbesichtigung einen längeren Spaziergang machen möchte, nimmt den Hinterausgang in Richtung Panoramastraße und folgt dieser hinauf. Gegenüber dem Spielplatz auf der rechten Seite führt der Eselsgrundweg linker Hand bergauf. Über alte Sandsteintreppen geht es nach oben, bis man auf einen breiteren Wanderweg stößt. Dem Weg nach rechts folgen bis zum Waldpiratencamp, dieses rechts umrunden, dann geht es über Wiesen und Weiden geradeaus zum Bierhelderhof. In der Gutsschänke gibt es Kaffee und hausgemachten Apfelkuchen oder Deftiges für den großen Hunger (www.bier helderhof.de). Im Sommer sitzt man im Biergarten unter großen Bäumen mit Blick über die umgebenden Weiden. Im Winter wärmt man sich in der gemütlichen Stube auf.

Wer den Friedhof durch den Haupteingang betritt, sieht sich gleich dem gewaltigen klassizistischen Krematorium gegenüber. Hier findet sich auch ein Übersichtsplan, verschiedene Rundgänge sind ausgeschildert. Sehr sehenswert ist auch der jüdische Teil des Friedhofs mit seinen moosbewachsenen Grabsteinen und die 1842 erbaute Friedhofskapelle im oberen Teil. Ansonsten gibt es unzählige Statuen, Mausoleen und spektakuläre Grabsteine zu entdecken. Dutzende Namen auf den Inschriften klingen vertraut, denn hier sind wohlhabende und einflussreiche Familien aus der Region sowie einige wichtige Persönlichkeiten bestattet. So lassen sich hier die Gräber der Schriftstellerin Hilde Domin, des ersten Reichspräsidenten Friedrich Ebert, der Frauenrechtlerin Marianne Weber und das ihres Mannes, des Soziologen Max Weber finden.

Weiter geht's auf dem Bierhelderhofweg Richtung Ehrenfriedhof. Wenn der Gehweg endet, einfach auf den kleinen Pfad links einbiegen und das Vereinsheim des Bayern- und Gebirgstrachtenvereins umrunden. Der Ehrenfriedhof auf dem Ameisenbuckel ist Gedenkstätte für die Gefallenen beider Weltkriege. Die monumentale Anlage wurde in nationalsozialistischer Zeit angelegt und in Nachkriegszeiten erweitert. Heute ist sie nicht nur Ge-

Hin & weg: Linie 21, 23 bis Bergfriedhof oder S-Bahn bis Heidelberg Weststadt/Südstadt.

Beste Zeit: Ganzjährig.

Dauer & Strecke: 3 Std. mit Rast und Besichtigungen, 7 km.

Ausrüstung: Männer sollten auf dem jüdischen Friedhof eine Kopfbedeckung tragen.

Ein Spaziergang zum Bierhelderhof lohnt sich auch im Winter. Mit Bier hat der Name übrigens nichts zu tun – die Bezeichnung weist vielmehr darauf hin, dass der Hang hier mit Beeren bewachsen war.

denkstätte, sondern auch Friedensmahnmal für zukünftige Generationen. An der Spitze des Friedhofs reicht der Blick im Winter, wenn die Bäume kahl sind, über Heidelberg und die Rheinebene.

Bevor es zur Paradestraße wieder hochgeht, führt linker Hand ein Weg in den Wald hinein. Wer hier über Soldatenweg und Bierhelder Steige am Drei-Tröge-Brunnen vorbeigeht, stößt nach ein paar Minuten wieder auf den Steigerweg, der sich auf der Rückseite des Bergfriedhofs hinunter in die Stadt schlängelt.

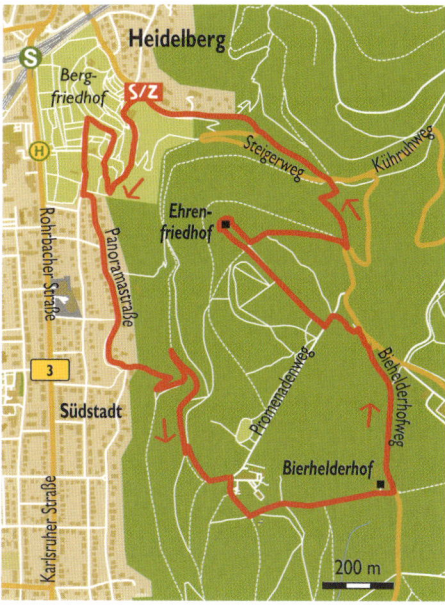

FAZIT: HÜBSCHE TOUR MIT LEICHT MORBI-
DEM TOUCH. WARUM NICHT MAL AUF FRIED-
HÖFEN SPAZIEREN GEHEN?

AB INS MITTELALTER

⋛ ... auf dem Wochenmarkt Handschuhsheim ⋚

#21

Marktbesuche am Wochenende haben etwas enorm Gemütliches: Erst spaziert oder radelt man nach dem Frühstück zum Marktplatz, dann bummelt man zwischen Schirmen, frischem Obst und farbenfrohem Gemüse hin und her. In Handschuhsheim findet der kleine Markt vor der Kulisse der mittelalterlichen Tiefburg statt.

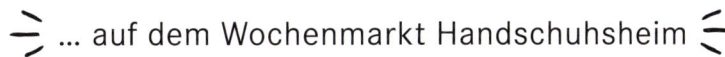

#Mittelalteratmosphäre #regionalundsaisonal #derperfekteSamstagmorgen

Mangold in all seinen Farbschattierungen sieht nicht nur schön aus, sondern enthält auch viel Vitamin C – genau das Richtige für kalte Wintertage.

trifft es sich gut, dass es in der Region so viele Stadtteilmärkte gibt (für Mannheim siehe www.ep-ma.de, für Heidelberg www.wochen markt-heidelberg.de). Besonders idyllisch ist der kleine Markt im Heidelberger Stadtteil Handschuhsheim. Mitten im alten Ortskern findet er statt, auf dem Marktplatz vor der mittelalterlichen Ruine der Tiefburg, und das von Oktober bis März jeden Samstag von morgens bis mittags. Ausschlafen ist also noch drin!

Bio-Obst und -Gemüse aus dem Handschuhsheimer Feld gibt es hier, Fleisch direkt vom Erzeuger, Schnittblumen, frisches Brot, Ziegenkäse und Bio-Eier. Im Winter bringen leuchtend roter Mangold, gelbe Äpfel und grüne Kohlköpfe Farbe auf den Teller. Manchmal muss man ein wenig Schlange stehen, doch die Kunden scheinen es sowieso nicht eilig zu haben. Während im Supermarkt eine kurze Wartezeit an der Kasse schon ungedul-

Einkaufen unter freiem Himmel, regionale und saisonale Produkte, gemütliche Wochenend-Atmosphäre: So ein Marktbesuch ist, anders als der hektische Gang zum Supermarkt, Einkauf und entspannter Ausflug zugleich. Da

Auch als Ruine bietet die Handschuhsheimer Tiefburg die perfekte mittelalterliche Kulisse für einen Marktbummel.

dig macht, gehört das entspannte Warten, Aussuchen und Plaudern auf dem Wochenmarkt mit dazu. Das Angebot ist begrenzt, dafür ist alles frisch und hat meistens nur kurze Wege hinter sich.

Wenn sich das Einkaufsnetz mit Leckereien für den Sonntagsbrunch oder die samstagabendlichen Kochkreationen gefüllt hat, darf gemütlich weitergeschlendert werden. Einmal um die Tiefburg herum zum Beispiel, die Ruine im Herzen Handschuhsheims, die im Pfälzischen Erbfolgekrieg zerstört wurde und die die einzige Wasserburg der Region ist. Oder an der Vituskirche vorbei, deren älteste Teile um 1050 errichtet wurden. Direkt nebenan befindet sich auch der Grahampark, in dem das hübsche Handschuhsheimer Schlösschen zu finden ist.

Wer sich nach all der Bummelei aufwärmen möchte, kehrt für einen Kaffee und ein köstliches Stück Torte im Café Tiefburg ein (www. cafe-tiefburg.de). Die Beute vom Markt kann an einer Stuhllehne geduldig auf die Heimreise warten.

FAZIT: ENTSPANNTES BUMMELN STATT LÄSTIGER PFLICHT – SO WIRD DER WOCHENEINKAUF ZUM WOCHENENDAUSFLUG.

Hin & weg: Linie 5, 21, 23, 24 bis Hans-Thoma-Platz.

Beste Zeit: Ganzjährig.

Dauer & Strecke: Nach Belieben.

Ausrüstung: Einkaufsnetz oder Stofftasche.

SPÄT-WINTER

> ... im Maudacher Bruch in Ludwigshafen <

Sümpfe, Wiesen und Wälder erstrecken sich auf einem riesigen Landschaftsareal mitten im Ludwigshafener Stadtgebiet: Das Maudacher Bruch ist Heimat seltener Tier- und Pflanzenarten und beherbergt außerdem den höchsten »Berg« der Stadt.

Fast 500 Pflanzenarten sind im Maudacher Bruch nachgewiesen. Sie fühlen sich hier ebenso wohl wie über 100 Vogelarten.

Am Ende des Winters erwartet die Besucher eine wieder erwachende Natur mit blühenden Bäumen und Sträuchern, austreibenden Weidenkätzchen und einer Kakophonie aufgeregter Vogelstimmen. Überhaupt fällt auf, wie artenreich das Maudacher Bruch bevölkert ist: Auf den Wiesen ruhen sich Graugänse aus, ein Kleiber flattert von einem Baum zum nächsten und ein früh zurückgekehrter oder gar überwinternder Storch sucht in der sumpfigen Landschaft nach Nahrung. Doch die abwechslungsreiche Natur ist zu jeder Jahreszeit einen Besuch wert: im Sommer üppige Pflanzenwelt, im Herbst buntes Blätterdach, im Winter Rodelparadies am Michaelsberg. Die Wanderwege durch das Maudacher Bruch sind farbig markiert und ausgeschildert.

Wer in Oggersheim einen Rundgang startet, durchquert den Stadtpark Oggersheim zwischen Fußballfeld und Teich, um dann rechts der roten Markierung für den großen Rundweg zu folgen. Der Weg führt stets am Mittelgraben entlang, während linker Hand riesige Wiesen und Ackerflächen in der Sonne liegen. Über 500 Hektar umfasst das Landschaftsschutzgebiet. Nach Unterquerung der Autobahnbrücke, die das Gebiet etwa mittig durchtrennt, wird

Hin & weg: Linie 4, 4A bis Mannheimer Tor.

Beste Zeit: Ganzjährig.

Dauer & Strecke: 3 Std., 11 km; Infos zu den Wanderwegen kann man unter www.maudacherbruch.jimdo.com downloaden.

Ausrüstung: Im Winter kann man auf dem Michaelsberg Schlitten fahren.

Knapp 30 Kilometer Wanderwege bietet das Maudacher Bruch mitten in Ludwigshafen. Wenn das nicht mal ein Grund für eine kleine Bergtour auf den Monte Scherbelino ist!

aus der Auenlandschaft langsam ein lichtes Wäldchen, das sich auf feuchtem Untergrund ausbreitet. Bis vor rund 3000 Jahren mäanderte der Rhein nämlich noch durch diese Landschaft. Torfstecherei und Grundwassersenkungen gefährdeten zwar im 20. Jahrhundert das Biotop, heute hat sich der Grundwasserspiegel jedoch wieder stabilisiert.

Nach halber Strecke auf dem rot markierten Rundweg erreicht man dann auch den Monte Scherbelino, der eigentlich Michaelsberg heißt, aus einer Schuttdeponie entstanden ist und mit seinen stolzen 125 Metern über dem Meeresspiegel die höchste Erhebung Ludwigshafens darstellt. Weil's in der unmittelbaren Umgebung bekanntlich recht platt ist, reicht auch das schon für einen großartigen Ausblick bis zum Pfälzerwald.

Auf der anderen Seite des Bruchs geht es vorbei an Jäger- und Holz'scher Weiher zurück, zunächst Richtung Gartenstadt. Wer am Holz'schen Weiher links abbiegt, findet die Überführung zurück zur nördlichen Hälfte des Landschaftsschutzgebiets. Die rote Markierung führt schließlich weiter zum Ausgangspunkt in Oggersheim.

FAZIT: ERSTAUNLICH ABWECHSLUNGSREICHE LANDSCHAFT FÜR ENTDECKER UND FÜR GIPFELSTÜRMER.

2. KAPITEL
AUSFLÜGE

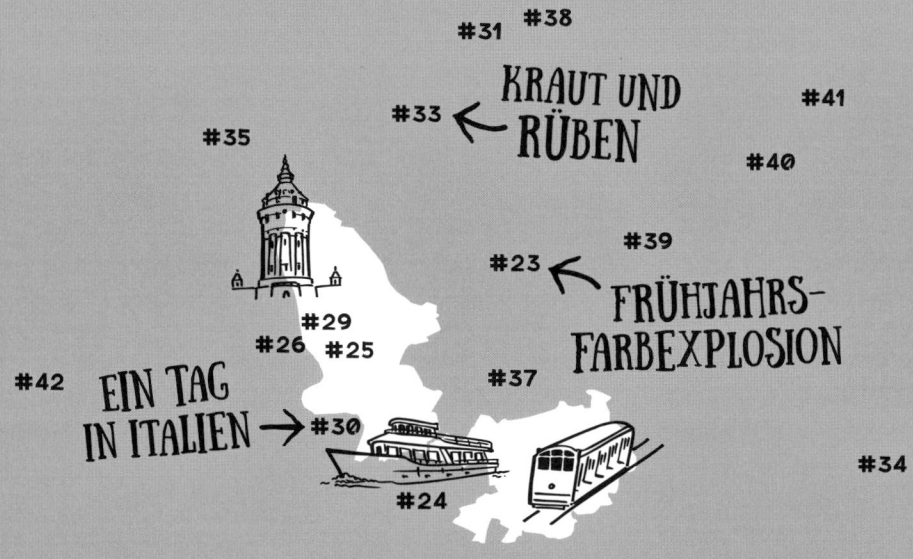

#31 #38

#33 ← KRAUT UND RÜBEN

#41

#35

#40

#23 ← FRÜHJAHRS-
FARBEXPLOSION

#39

#29

#26 #25

EIN TAG
IN ITALIEN → #30

#42

#37

#34

#24

#32

#28

#27

#36

Raus für einen Tag

Auf zwei Rädern, zu Fuß oder zu Wasser, in Schluchten, auf Burgen oder in Hochmooren – es gibt so viel zu erleben. Also raus aus der Stadt und ab ins Grüne!

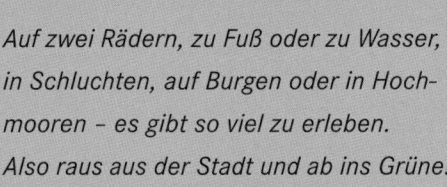

DER REINSTE BOTANIKER-TRAUM

⇒ ... in Weinheim ⇐

#23

In Weinheim werden wildeste Botaniker-träume wahr – und das mitten in der Stadt! Denn hier wachsen Mammutbäume, gedeihen Zitronen und blühen Alpenveil-chen. Zur Krokusblüte im Februar liegt der Hermannshof unter einer wunderschönen zartvioletten Decke.

direkt mit einem Superlativ los: Die größte Libanon-Zeder Deutschlands schlägt hier seit 1720 ihre Wurzeln in die Erde. Im Schlossgarten geht's dann rechtsherum gegen den Uhrzeigersinn. Blühende Bäume und Sträucher sorgen schon Ende Februar für Farbtupfer. Die ersten Hummelköniginnen freut es!

Nach etwa einer halben Umrundung erscheint rechter Hand das Mausoleum der Freiherren und Grafen von Berckheim zwischen den Bäumen. Der byzantinisch dekorierte Jugendstil-Bau aus dem Jahr 1910 ist einen kurzen Abstecher wert. Bemerkenswert sind die ungewöhnlichen Kapitelle mit den Fledermaus- und Eulenfiguren. Die Kuppel des Portikus ist innen prachtvoll mit einem goldenen Mosaik verziert. Die Tür zum Innenraum ist leider abgeschlossen – der letzte Graf von Berckheim wurde hier 1984 bestattet.

Das Beste von Weinheims Gärten erkunden Pflanzenfreunde auf einem Spaziergang durch Schlossgarten, Exotenwald und Hermannshof. Vom Bahnhof zum Schlossgarten geht es

Weiter geht die Runde durch den Schlosspark mit Blick auf die Burgen Windeck und Wachenburg, bis ein Tor zum Exotenwald die Mauer unterbricht. Auf einer großen Karte kann man zwischen verschiedenen ausgeschilderten Rundgängen wählen. Rundgang Nummer 1 führt an den Riesenmammutbäumen vorbei – die rotbraune Rinde schimmert schon von Weitem charakteristisch durchs Gehölz. Auch wenn es sicherlich größere Exemplare gibt: Diese Bäume beeindrucken einfach. Scheinbar unendlich wachsen ihre geraden roten Stämme dem Himmel entgegen. Daneben kommt man sich schon ein bisschen klein vor. Amerikanische Gelbkiefern, Zuckerahorn, Himalaya-Zedern, Japanische Sicheltannen: Die Liste der exotischen Baumarten, die der weitere Rundgang bringt, ist lang.

Durch das Tor setzt man schließlich die Runde im Schlossgarten fort. An den Volieren und

Zur Krokusblüte Ende Februar verwandelt sich der Hermannshof in ein farbenfrohes Blütenmeer, das den Winterblues ganz schnell vergessen lässt.

dem spiegelglatten Weiher geht es wieder in Richtung der Libanon-Zeder. Wer möchte, folgt den Schildern zum Heilpflanzengarten für einen kleinen Abstecher. Zum Hermannshof muss nun eine Straße überquert werden, dann wird es bunt. Denn während in den Gewächshäusern die Zitronen und Granatäpfel reifen, geht es draußen auch schon mächtig los. Zartviolette Elfenkrokusse, leuchtend gelbe Winterlinge, rosa Alpenveilchen, schneeweiße Schneeglöckchen und Märzenbecher, ja ein richtiges Blütenmeer ist das hier! Der private Schaugarten ist täglich von 10.00 bis 18.00 Uhr für die Öffentlichkeit zugänglich. Vor allem die Zehntausende Krokusse, die hier schon Ende Februar blühen, machen wintermüde Besucher glücklich. Doch der Garten lohnt sich auch im Sommer oder im Herbst: Irgendetwas blüht immer.

So viel Pflanzenkunde macht hungrig? Am nahegelegenen Marktplatz gibt es eine große Auswahl an Cafés und Restaurants für glückliche Hobby-Botaniker.

FAZIT: BUNTE BLÜTEN HEBEN DIE LAUNE – UND VERTREIBEN GRAUE FRÜHLINGSTAGE.

Hin & weg: S-Bahn bis Weinheim Bergstraße oder Linie 5 bis Weinheim Alter OEG-Bahnhof.

Beste Zeit: Ganzjährig, besonders schön zur Krokusblüte Ende Februar.

Dauer & Strecke: Die Runde dauert 2 Std., 7 km – kann im Exotenwald aber beliebig verlängert werden.

Ausrüstung: Einfach hingehen.

ES BLÜHT UND DUFTET

> ⇒ … im Schwetzinger Schlossgarten ⇐

#24

Zur Kirschblüte strömen Besucher von nah und fern in den Schwetzinger Schlossgarten. Weiter hinten, im Schatten der Bäume am See, steht der Garten im Zeichen eines ganz anderen Gewächses: Regelrechte Bärlauchkolonien bedecken hier seit Kurfürstenzeiten den Boden.

Nicht nur die rosafarbenen Zierkirschen, auch die Kastanien erwachen nach dem Winter mit glänzenden Knospen zu neuem Leben.

den Hecken und unter den Bäumen Bärlauch pflanzen – der Geruch sollte sein Übriges tun. Eine wahrscheinlichere Erklärung für die Verbreitung der Pflanze ist allerdings, dass sie aus dem benachbarten Wald in den Garten übergesiedelt ist. Und sie scheint sich wohlzufühlen: Ganze Teppiche bedecken den Boden im Wald hinter der Moschee, am See und neben der Ruine. Wer die Blätter zwischen den Fingern reibt, nimmt ihn jetzt schon wahr; einige Wochen nach dem Austrieb verströmen die Pflanzen von selbst ihren knoblauchartigen Duft.

Überhaupt kommt nach Wochen des Wartens und der zaghaften Sprösschen nun endlich alles mit voller Wucht. Die Bäume treiben aus und dank des ausgeklügelten Bewässerungssystems, das den Leimbach rund um den Garten herumführt, wachsen hier einige hübsche Sumpf- und Auenpflanzen. Das Waldveilchen findet man hier zum Beispiel oder den Beinwell. Die Stars der Frühlingsblüher sind natürlich die Zierkirschen im Obstgarten vor der

Endlich Frühling! Im Schlossgarten sprießt es wieder und die Laune steigt. Der Legende nach stieg sie auch beim Kurfürsten Karl Theodor, der mit einer neuen Mätresse fröhliche Stunden im Freien verbrachte. Das gefiel der Vorgängerin gar nicht, und so ließ sie hinter

Um den Ursprung der Bärlauchpopulation im Schwetzinger Schlossgarten rankt sich eine Legende: Der Duft der Pflanze sollte den kurfürstlichen Spaß trüben …

Moschee. Zu den knallgelb blühenden Narzissen in den ehemaligen Gemüsebeeten geben sie einen hübschen Kontrast ab. Das Minarett der Roten Moschee, die Hofarchitekt Nicolas de Pigage hier Ende des 18. Jahrhunderts als Symbol für orientalische Weisheitslehren erbauen ließ, blitzt durch die rosa Wipfel.

Es lohnt sich, für die Erkundung des Schlossgartens viel Zeit einzuplanen. Über 60 Skulpturen stehen verstreut zwischen Beeten und Hecken und an diversen Tempelanlagen, und in lauschigen Ecken entdeckt man bei jedem Besuch ein neues Detail. Eine berühmte Besonderheit befindet sich im Garten des Badhauses, in das der Kurfürst sich zurückziehen konnte und das, anders als der restliche Garten, nur auf seine Einladung hin betreten werden durfte: das Perspektiv, durch das man einen Blick auf das »Ende der Welt« werfen

kann. In der Orangerie nebenan gibt es Kaffee in der Sonne – mit Aussicht auf Schloss und Garten. Wer das Innere des Schlosses kennenlernen oder mehr über das Leben bei Hofe erfahren möchte, macht eine Führung mit.

> **FAZIT: BLÜTENMEER UND BÄRLAUCHDUFT – HÖCHSTE GARTENFREUDEN AUF DEN SPUREN DES KURFÜRSTEN.**

Hin & weg: Regionalbahn bis Schwetzingen, dann 10 Minuten zu Fuß bis zum Schloss.

Beste Zeit: Ende März/Anfang April zur Blüte, ansonsten auch schön im Sommer und Herbst.

Dauer & Strecke: Ein ausgiebiger Spaziergang durch den Schlossgarten.

Ausrüstung: Einfach hingehen.

ÜBER DIE WELLEN GLEITEN

 ... auf Neckar und Rhein

 **#25**

Einfach mal die Perspektive wechseln und die eigene Stadt vom Wasser aus betrachten: Bei einer Schifffahrt auf Neckar oder Rhein kann man sich den Fahrtwind um die Nase wehen lassen, in der Sonne bei einem guten Buch entspannen oder einfach gedankenverloren die Wellen beobachten.

#kleineFlussfahrt #NeckarundRhein #grüneIdylle #Perspektivwechsel

→ AUSFLÜGE

Vom breiten Hauptstrom des Rheins zweigt nördlich von Mannheim der Lampertheimer Altrhein ab.

Wie gut, dass es hier so viel Wasser gibt! Nicht nur beim obligatorischen Grillen auf der Neckarwiese genießen Kurpfälzer die Nähe zum Fluss. Besonders entspannt wird es direkt auf den Wellen: Für ein paar Stunden schaut man bei einer Fahrt auf einem der Ausflugsschiffe mal nicht vom Gewusel auf der Neckarwiese den Schiffen zu, sondern gewinnt etwas Abstand und neue Einblicke. In Heidelberg wählt man dazu aus einer der zahlreichen Fahrten der Weissen Flotte in Richtung des malerischen Neckartals (www.weisse-flotte-heidelberg.de). In Mannheim liegt die MS Kurpfalz am Neckarstrand unterhalb der Kurpfalzbrücke, sie fährt mehrmals pro Woche auf diversen Touren auf dem Neckar, dem Rhein oder durch das Hafengebiet (www.kurpfalz-personenschiffahrt.de).

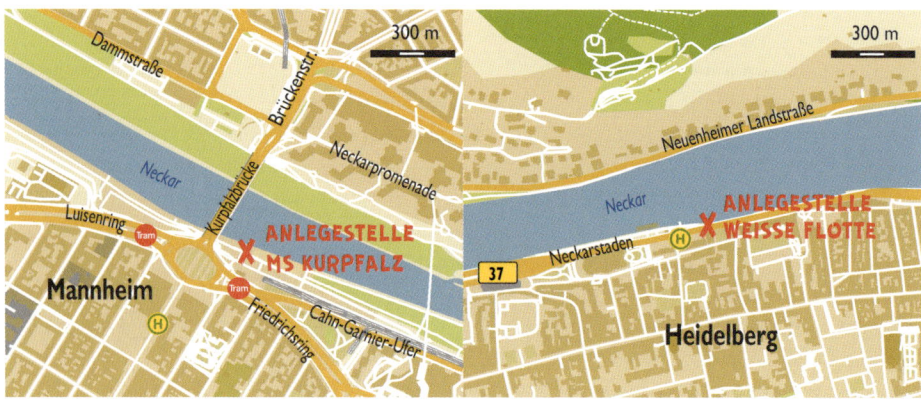

Praktisch: Direkt neben der Beach-Bar Neckarstrand legt die MS Kurpfalz ab und wieder an.
Zeit für einen Drink im Liegestuhl?

Über Neckar und Rhein zum Lampertheimer Altrhein beispielsweise: Zunächst bleibt es städtisch zwischen Jungbusch und Neckarstadt, dann gibt es für alle Fans der Industriekultur zwischen Mühlauhafen und Friesenheimer Insel Silos, Kräne und Schlote zu sehen. Schließlich tuckert die MS Kurpfalz an der Neckarspitze »vum Neckar in de Rhoi – ahoi« –

und es wird bald grün und idyllisch. Besonders wild bewachsen sind die Ufer im Lampertheimer Altrhein, auf dem die MS Kurpfalz nun noch eine kleine Runde durch die schmalen Seitenarme dreht, bevor es gegen die Strömung zurück Richtung Mannheim geht. Hier im Naturschutzgebiet fühlen sich Wasservögel wohl, ein Graureiher sucht an den seichten Ufern nach Nahrung.

An Bord gibt's währenddessen ein Stück Torte oder eine Brezel mit Obazda. Da es an den Ufern so ruhig zugeht, verpasst man auch bei einem längeren Blick in den mitgebrachten Roman keine Must-sees. Statt spektakulärer Sehenswürdigkeiten begleiten grüne Baumkronen den Weg zurück in die Stadt – genauso sollte ein Sommernachmittag sein.

FAZIT: GEMÜTLICHE SCHIFFFAHRT VOM STÄDTISCHEN GEWUSEL INS GRÜNE – LOHNT SICH AUCH IN DER EIGENEN STADT!

Hin & weg: Anlegestelle MS Kurpfalz: Linie 1, 3, 4, 5, 7, 15 bis Abendakademie; Anlegestelle Weisse Flotte: Linie 31, 32, 35 bis Kongresshaus.

Beste Zeit: April bis Oktober.

Dauer & Strecke: Je nach gewählter Tour.

Ausrüstung: Sonnenschutz und Lektüre.

MIT KARL AUF TOUR

 ... von Mannheim nach Schwetzingen ⧼

#26 Als Karl Drais mit dem Urfahrrad eine erste Probefahrt unternahm, fuhr er von den Mannheimer Quadraten bis zum damaligen Schwetzinger Relaishaus. Das liegt heute zwar auf der Rheinau, doch da moderne Räder flotter unterwegs sind, lässt sich die Fahrt durch eine verlängerte Tour nach Schwetzingen nachempfinden.

#dasFahrradfeiern #fastwieKarl #aberamRheinentlang

Wie einst Karl Drais im Jahr 1817 starten Fahrradfreunde ihre Tour in Mannheim, und zwar am besten am Mannheimer Schloss, wo ein paar Jahre nach der Jungfernfahrt des Erfinders die ersten Radwege der Geschichte entstehen sollten. Von dort führt der mit einem blauen R markierte Rheinauenweg auf abwechslungsreicher Strecke fast bis nach Schwetzingen. Der Erfinder fuhr wohl auf direkterem Weg, aber wo Drais auf einer Chaussee durchs Land laufradelte, fahren heute vor allem Autos. Und es soll ja auch schön sein! Über die Rheinterrassen geht es quasi autofrei

zum Stephanienufer und dann durch den Waldpark mit seinen blühenden Wiesen und den uralten Bäumen. Bei der Silberpappel leitet die Markierung auf den Rheindamm und am Estragon-Biergarten vorbei Richtung Neckarau.

Unter den Türmen des Großkraftwerks wird die Rheinromantik für eine Weile gegen Industriekultur eingetauscht. Bei der Rhenaniastraße geht es durch eine Unterführung auf die andere Seite der Gleise und dann weiter auf die Rheinau. Hier endete die Fahrt von Karl Drais, der es aus der Mannheimer Innen-

stadt bis zum Relaishaus schaffte. An der Station auf halbem Weg zwischen Mannheim und Schwetzingen wechselten Reisende damals ihre Pferde. Die Rheinau gab es 1817 noch nicht, das Relaishaus lag einst auf Schwetzinger Gemarkung.

Das R führt nun an der Ecke Karlsruher Straße / Stengelhofstraße durch eine Unterführung ins Hafengebiet, in dem eine Brücke mit sehr steilen Stufen überwunden werden muss. Wer schwer beladen ist oder sein Fahrrad nicht die steile Brücke hinaufschieben möchte, weicht kurz auf einen Alternativweg aus: die Karlsruher Straße weiter entlang, dann auf die Relaisstraße bis Rheinau Bahnhof. Dort geht es schließlich rechts über die Rhenaniastraße und den Edinger Riedweg zurück zur Markierung des Rheinauenwegs.

Los geht's am Mannheimer Schloss in Richtung Waldpark. Bei Becken 21 im Rheinauer Hafen wird Rheinromantik für eine Weile gegen Industriekultur eingetauscht.

Jetzt wird es auch wieder grün, und zwar so richtig: Das Naturschutzgebiet Backofen-Riedwiesen (Eskapade #4), das südlich ans Hafengebiet angrenzt, darf einmal durchfahren werden. Dabei einfach immer der Markierung nach – der Pfad ist zwar schmal, aber gut befahrbar. Nachdem links zwischen den Bäumen der Weiher Im Schutz sichtbar wird, führt der Weg rechts ans Rheinufer und dann in der Sonne am Fluss entlang.

An der Mündung des Leimbachs geht es auf der ausgeschilderten Leimbachroute weiter – tschüs, blaues R! Stets am malerischen Bach entlang führt der Radweg durch Brühl bis zum Schwetzinger Schloss. Dort kann man eine Runde im Schlossgarten drehen, für dessen Bewässerung der Leimbach seit kurfürstlichen Zeiten genutzt wird. Wenn die Knie schon an-fangen zu zittern, kann man sich beim Gran-Caffè La Gelateria in der Dreikönigstraße (www.grancaffe-lagelateria.de) ein großes Eis aus der Waffel gönnen.

FAZIT: BEWALDETE RHEINROMANTIK, KURZE HAFENTOUR, EIN GRÜNER BACH-LAUF UND FAHRRADFREUDEN FREI NACH KARL DRAIS.

Hin & weg: Bis Mannheim und ggf. ab Schwetzingen mit der S-Bahn.

Beste Zeit: Bei gutem Wetter ganzjährig.

Dauer & Strecke: 2,5 Std., knapp 30 km.

Ausrüstung: Fahrrad, Fahrradhelm, Trinkflasche, ggf. VRN-Ticket für die Rückfahrt.

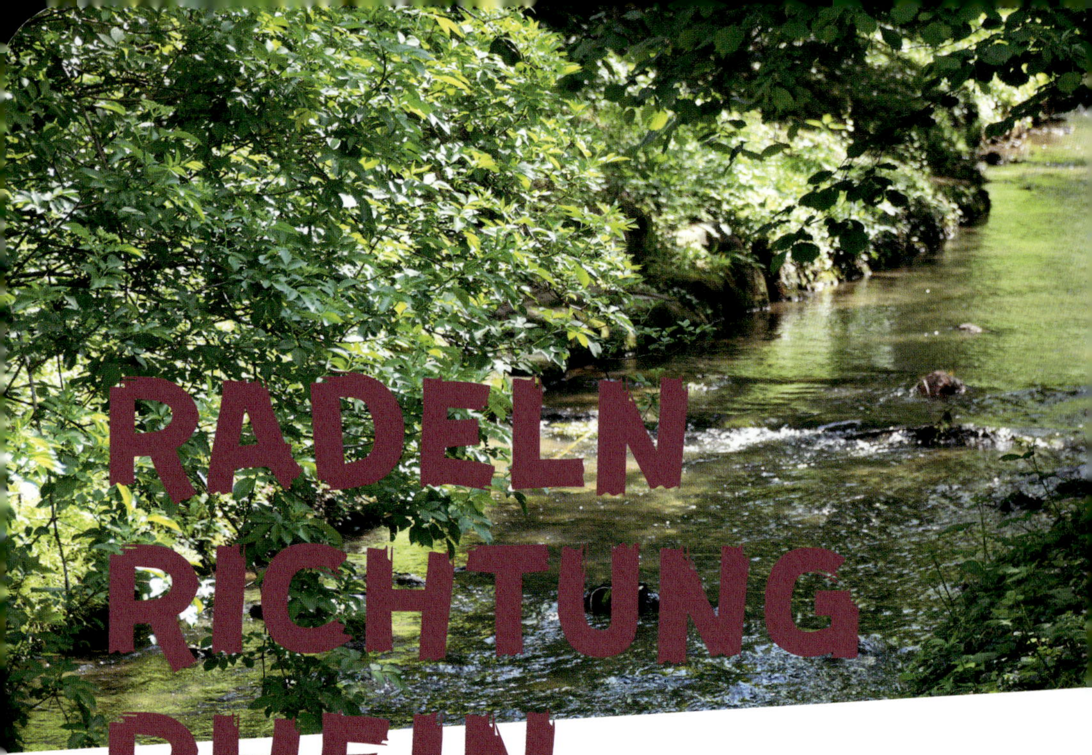

RADELN RICHTUNG RHEIN

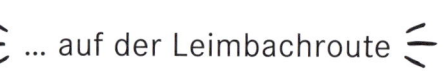

… auf der Leimbachroute

#27

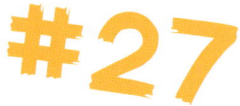

Durch grüne Auen, schattige Wäldchen, an Feldern und Gärten entlang führt diese Fahrradroute vom Kraichgau an den Rhein. Begleiter ist der Leimbach: Mal taucht er unverhofft am Ende einer Siedlung auf, mal plätschert er friedlich am Weg entlang, dann wieder wird er auf kleinen Holzbrücken überquert.

#vomKraichgauandenRhein #immerdemWassernach #FahrradtourdurchsGrüne

Nach einem kurzen Stück bergauf führt die Leimbach-route ohne nennenswerte Steigung durchs Grüne.

Schon mal am Leimbach unterwegs gewesen? Nicht? Dann wird es höchste Zeit, den idyllischen Bachlauf zu erradeln. Auf ihren 46 Kilometern ist die Fahrradroute nicht nur gut ausgeschildert, sie ist auch angenehm zu fahren, denn abgesehen von einer kurzen Steigung am Start in Hoffenheim führt die Strecke weitgehend durchs platte Land. Am S-Bahnhof Hoffenheim nur schnell das Fahrrad aus der Bahn geschoben, und schon

kann es losgehen. Achtung: Wenn kein Schild mit dem Leimbach-Logo zu sehen ist, einfach dem grünen Radweg-Symbol folgen. Hat man das einmal verstanden, läuft die Navigation wie geschmiert. Bergauf geht es nun also für wenige Kilometer, zur Belohnung blühen und summen nebenan die leuchtend gelben Rapsfelder. Auf der Hoffenheimer Anhöhe hat man einen schönen Ausblick über das hügelige Umland.

Von der gelb blühenden Hoffenheimer Anhöhe rollt es sich gemütlich hinab Richtung Leimbach. An der kleinen hölzernen Brücke bei Horrenberg gibt es Tische und Bänke für eine erste Rast.

Bergab dürfen sich die Waden etwas ausruhen, dann ist kurz vor Balzfeld zum ersten Mal der Leimbach zu sehen. Nun führt die Route meist am Bach entlang durch Balzfeld und Dielheim, dazwischen ist es saftig grün und idyllisch. Immer wieder passiert man einladende Bänke, die unter alten Bäumen oder an blühenden Wiesen nur darauf warten, dass man belegte Brote, Obst und Wasserflaschen auspackt und beim Rasten die Ruhe genießt,

Abgesehen von ein paar kurzen Waldstückchen verläuft die Leimbachroute auf sonnenbeschienenen Wegen durch Wiesen und Felder.

die nur vom aufgeregten Vogelgezwitscher aus Hecken und Sträuchern unterbrochen wird. Endlich Sommer!

In Wiesloch ist der Kraichgau dann offiziell zu Ende und die Rheinebene beginnt. Ab hier ist die Route auch dichter besiedelt, und der anfangs schmale Leimbach ist schon deutlich breiter geworden. In der Wieslocher Altstadt liegt das Eiscafé Venezia direkt auf dem Weg (www.eiscafe-venezia-wiesloch.de) – diese Chance sollte man keinesfalls verpassen. Mit diesem zusätzlichen Zuckerschub geht es besonders flott weiter in Richtung Nussloch, wo die alte Materialseilbahn von Heidelberg Cement seit hundert Jahren vom Nusslocher Steinbruch ins Zementwerk in Leimen schwebt. Ein Stückchen begleiten die Loren der Seilbahn die Fahrradroute Richtung Leimen, nach Sandhausen führt die Beschilderung dann wieder im Grünen nach Oftersheim und Schwetzingen.

Hier spielt der Leimbach eine Hauptrolle, zumindest in Schwetzingens Top-Sehenswürdigkeit, dem Schlossgarten. Dessen Brunnen und Gräben versorgt der Bach schon seit der Erbauung im 17. Jahrhundert mit Wasser. Das historische Wasserwerk kann an ausgewählten Terminen besichtigt werden.

Nun ist der Leimbach fast an seiner Mündung angekommen, auch wenn man ihn in den Ketscher Feldern noch einmal kurz aus den Augen verliert. Auf den Schwetzinger Wiesen trifft der Radweg dann wieder umso idyllischer auf den Bachlauf, bevor beide in der Nähe der Anlegestelle der Kollerfähre am Rhein enden.

Hin & weg: S5 nach Hoffenheim, zurück vom S-Bahnhof Schwetzingen oder Mannheim Maimarkt/Arena.

Beste Zeit: Frühling bis Herbst; Besichtigungstermine und Infos zum historischen Wasserwerk unter www.schloss-schwetzingen.de

Dauer & Strecke: 4–5 Std., 46 km.

Ausrüstung: Fahrrad, Fahrradhelm, ausreichend Getränke und Proviant, ggf. Sonnencreme.

> **FAZIT: GUT AUSGEBAUTE, ÜBERWIEGEND AUTOFREIE FAHRRADTOUR, DIE DURCH WUNDERSCHÖNE WALD-, WIESEN- UND WASSERLANDSCHAFTEN FÜHRT.**

DES KÖNIGS TOSKANA

 ... Villa Ludwigshöhe in Edenkoben

#28

Verständlich, dass König Ludwig I. diese Anhöhe für sein Sommerdomizil wählte: Weinreben überziehen die Hügellandschaft, dazwischen Zypressen und wilde Blumen, im Rücken der Pfälzerwald. Von der Villa aus geht's mit einem Sessellift hinauf zur Rietburg. Bei klarer Sicht reicht der Blick bis zum Odenwald.

#königlicheAussicht #Sessellift #PfälzerSaumagen #wieimUrlaub

Quer durch den Wald bringt der Sessellift schon seit den 1950er-Jahren Ausflügler bequem hinauf zur Rietburg.

Los geht's in Edenkoben, einem hübschen Städtchen direkt an der Deutschen Weinstraße. Über Bahnhofstraße, Weinstraße und Villastraße wandert man vom Bahnhof in die Weinberge. Zwischen Reben und Ranken führt dann ein Weg zur Sommerresidenz des bayerischen Königs Ludwig I., der zwischen 1825 und 1848 regierte. Er liebte Kunst, Architektur – und Italien. An der wärmsten Stelle des Reichs ließ er 1846 seine Villa nach italienischem Vorbild errichten. Wer den Aufstieg scheut, kann auch den Pendelbus nehmen.

Auf der Ludwigshöhe angekommen, unbedingt erst einmal die Aussicht genießen und vor der grandiosen Kulisse des klassizistischen Schlösschens einen Cappuccino trinken. Hier fühlt man sich auch als Ausflügler wie im Urlaub. Der Blick schweift über die Rheinebene bis hinüber ins Kurpfälzische und ins Badische.

Danach geht es durch den Wald weiter zur Talstation der Rietburgbahn. Schon seit den 1950er-Jahren schwebt der Sessellift durch

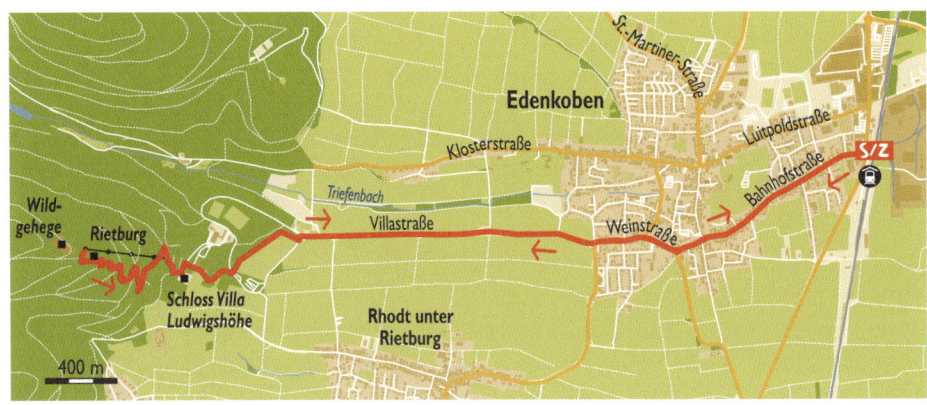

Von der Villa Ludwigshöhe reicht der Blick über Pfälzer Weinberge. Den genoss auch schon der bayerische König Ludwig I., der die Villa errichten ließ.

den Kastanienwald zur mittelalterlichen Burgruine, darunter wächst riesiger Fingerhut ungestört der Sonne entgegen. Oben gibt es klare Anweisungen zum Ausstieg: »Ääner links, ääner rechts!«. Dann noch ein paar Stufen zum Aussichtspunkt und schon ist die Burgruine erreicht. Mannheim! Heidelberg! Ludwigshafen! Der Odenwald! Sogar Philippsburg (na gut, das

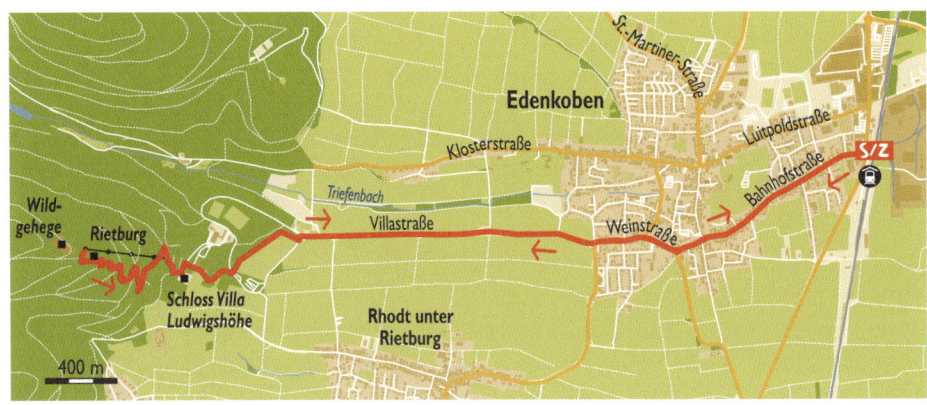

Hinter dem klassizistischen Schlösschen beginnt der Kastanienwald, durch den auch der König gerne spazierte.

Atomkraftwerk)! Und links, nur ein paar Kilometer entfernt, das Hambacher Schloss. Auf einer Lichtung in der Nähe der Ruine lebt Damwild in einem Wildgehege. Es ist Kaiserwetter – und das sorgt für einen unbeschreiblichen Ausblick Richtung Südosten. In einem Biergarten kann man Pfälzer Klassiker genießen.

Eilige nehmen den Sessellift zurück zur Talstation. Wer laufen möchte, wandert auf dem schmalen Pfad, der hinter der Ruine beginnt. Steil windet er sich durch den Kastanienwald, es riecht nach Moos und Pilzen, beinahe verwunschen wirkt die Landschaft. Unvermittelt taucht immer wieder das Panorama der Rheinebene zwischen den Bäumen auf. Auch König Ludwig I. scheint hier gelustwandelt zu sein, ein altes Schild weist zumindest auf seinen Lieblingsplatz hin.

Zurück an der Villa Ludwigshöhe kann man an einer Führung durch des Königs Gemächer teilnehmen, die stündlich stattfindet. Es lohnt sich! Das Obergeschoss ist teilweise noch original eingerichtet. Sogar ein Blick in das königliche Badezimmer ist gestattet, damals hochmodern mit fließend warmem Wasser. Kunstfreunde empfinden in der Max-Slevogt-Ausstellung die Eindrücke des bekannten Impressionisten von seiner pfälzischen Heimat nach. Im Erdgeschoss beeindruckt die Küche mit ihrer unverändert erhaltenen Einrichtung.

Jetzt noch auf Rieslingschorle und Saumagen einkehren, vielleicht im Alten Kastanienhof in Rhodt (www.alter-kastanienhof.de) – perfekt ist der Urlaubstag in der Pfalz.

FAZIT: EIN SCHLOSS, EINE BURGRUINE, EIN ALTER SESSELLIFT UND HERRLICHE AUSBLICKE – HIER ZEIGT SICH DIE PFALZ VON IHRER BESTEN SEITE.

Hin & weg: Regionalbahn bis Edenkoben (Umstieg in Neustadt a. d. W.).

Beste Zeit: Der Sessellift von April bis Mitte November in Betrieb (www.rietburgbahn-edenkoben.de).

Dauer & Strecke: 4 Std., 12 km.

Ausrüstung: Einfach hingehen.

UFER-FREUDEN

... am Neckar entlang nach Ladenburg

#29

Klar, gutes Eis gibt's auch an anderen Orten. Aber hier ist schon der Weg das Ziel: Am grünen Neckar entlang radelt es sich auf dem Neckartalradweg ganz hervorragend. Und vor der Fachwerkkulisse der Ladenburger Altstadt schmeckt das Eis gleich doppelt so gut.

Mannheimer und Heidelberger verbindet die Liebe zum Neckar – und der Neckartalradweg. Auf der letzten Etappe des 366 Kilometer langen Radwegs (www.neckartalradweg-bw.de) liegt auch das Städtchen Ladenburg mit seiner mittelalterlichen Altstadt. Der perfekte Sonntagnachmittag: Mit dem Fahrrad nach Ladenburg zum Eisessen und Spazierengehen.

Der Neckartalradweg ist gut ausgebaut und die Szenerie abwechslungsreich: In Mannheim radelt man unter alten Bäumen entlang und schaut auf breite Wiesen, auf denen Kinder spielen und junge Leute picknicken. Im Hintergrund ragen die Türme an der Neckar-

uferbebauung-Nord in den Himmel. Ab Neuostheim wird es ruhiger, nach Seckenheim dann geradezu idyllisch. Der Fluss schlängelt sich hier zwischen wild bewachsenen Ufern entlang, auf breiten Sandbänken sonnen sich Schwäne und Wildgänse.

Am Ortschild der Ilvesheimer Siedlung Neckarplatten verlässt der Radweg für kurze Zeit das Flussufer und führt über Maisfelder und eine ruhige Straße in Neckarhausen zur Neckarbrücke Ladenburg. Vorsicht, hier verlässt man den Neckartalradweg und überquert den Fluss. In Ladenburg zeigen Schilder den Weg in die Altstadt.

Ladenburg ist geradezu vollgestopft mit Geschichte. In römischer Zeit war Lopodunum die
größte Stadt im heutigen Baden-Württemberg,
es gab ein Forum, Tempel und Thermen. Römi-

sche Fundamente und Brunnen kann man an
vielen Orten im Freien besichtigen. Auch das
Mittelalter hat deutliche Spuren hinterlassen:
Eine Stadtmauer mit Hexenturm umgibt die

Bei Seckenheim schlängelt sich der Neckar besonders malerisch durchs Grüne, in Ladenburg wartet dann die volle Ladung Geschichte: Die gotischen Türme der St.-Gallus-Kirche stammen aus dem 15. Jahrhundert.

Altstadt, in der Fachwerkhäuser den historischen Marktplatz umschließen. Mehr Infos gibt es im Lobdengaumuseum (www.lobdengau-museum.de). Autofans können die ehemalige Fabrik des Autopioniers Carl Benz besichtigen, in der bis in die 1920er-Jahre Fahrzeuge hergestellt wurden (www.automuseum-laden burg.de). Verschiedene Rundwege durch die Altstadt sind ausgeschildert.

Radeln, Kulturspaziergang – da fehlt doch noch was? Richtig, ein großes Eis hat man sich mittlerweile verdient, z. B. in der Hauptstraße im Eiscafé Venezia oder direkt nebenan im La Pallina. Einfach in der Waffel mitnehmen und das sonnigste Plätzchen suchen.

Tipp: Wer mehr Rad fahren und weniger spazieren möchte, fährt einfach auf dem Neckartalradweg bis nach Heidelberg weiter. Wer aus der anderen Richtung kommt: Umgekehrt macht die Radtour genauso viel Spaß.

Hin & weg: Mit dem Fahrrad an beliebiger Stelle einsteigen.

Beste Zeit: Frühling bis Herbst.

Dauer & Strecke: Reine Radstrecke knapp 2 Std., 24 km, plus Aufenthalt in Ladenburg.

Ausrüstung: Fahrrad, Fahrradhelm und Trinkflasche.

FAZIT: ENTSPANNTE RADTOUR AM NECKAR, MITTELALTERLICHE ALTSTADT-IDYLLE, EISCREME. KLINGT GUT, ODER?

SONNEN-BADEN

>‡ ... an der Blauen Adria in Altrip ‡<

Wie gut, dass hier mal jemand Kies abgebaut und so nebenbei die Blaue Adria erschaffen hat. Mit seinen Sandstränden, Dünen und Ferienhäusern versprüht das Naherholungsgebiet regelrecht mediterranes Flair. Italienurlaub für alle, ganz ohne lange Anreise!

Frühaufstehen lohnt sich: Frühmorgens ist am Strandbad am Mittelweiher nämlich noch nicht viel los.

Stilecht ist die Anfahrt zur Blauen Adria mit der Rheinfähre (www.rheinfaehre-altrip.com). Bereits frühmorgens legt sie zum ersten Mal ab, die Mitfahrt kostet fast nichts, und das Urlaubsfeeling beginnt schon mal. Linksrheinisch geht's dann mit dem Rad in einer Vier-

telstunde zum Strand an der Blauen Adria. Ein Zahnarzt aus Heidelberg sorgte in den 1950er-Jahren dafür, dass das brachliegende Gelände um die Baggerseen zum Naherholungsgebiet umgestaltet wurde – das damalige Reiseziel Nr. 1 aller Deutschen wurde zum

An der Blauen Adria können auch Schwäne, Gänse und Enten ungestört ihre Morgenrunden im klaren Wasser drehen.

Namensgeber, und das verleiht dem Seengebiet noch heute einen gewissen Touch Retro-Italien-Charme.

Baden lässt es sich am besten in der Nähe des Kiosks am Mittelweiher, der mit seinem breiten, flach abfallenden Strand wie dafür geschaffen ist, den lieben langen Sommertag in der Sonne zu fläzen. Während hier an den Wochenenden viel los ist, lohnt sich ein extra Urlaubstag unter der Woche allemal. Frühaufsteher haben den Strand mit etwas Glück für sich allein, abgesehen von den laut schnatternden Gänsen und Enten, die hier durchs Wasser gleiten. Jetzt erstmal eine Runde durch den Baggersee! Vom Handtuch aus kann man dann schon mal entspannt beobachten, wie sich der Strand langsam füllt. Am Kiosk gibt es Eis und Getränke, für Kinder auch einen kleinen Spielplatz.

Wenn es dann doch langweilig wird, bietet sich ein ausgedehnter Spaziergang zu den Nachbarseen an. Zum Jägerweiher nebenan beispielsweise, der mit seinen grün bewachsenen Ufern und dem kristallblauen Wasser ganz friedlich in der Sonne funkelt. Oder eine Runde an den Neuhofener Altrhein, an dessen nördlicher Spitze die Pizzeria Seeblick Hungrige stilecht mit Pizza und Pasta versorgt (www.facebook.com/pizzeriaseeblick).

FAZIT: BLAUE ADRIA, SANDSTRAND, EIS UND PIZZA – EIN TAG ITALIENURLAUB IST NUR EINE FÄHRFAHRT ENTFERNT.

So lässt es sich bis zum späten Nachmittag aushalten, wenn die Sonne schon tiefer über dem Wasser steht und die Schatten länger werden. Hat sich die Hitze des Tages verzogen, schippert die Altriper Rheinfähre zurück Richtung Alltag.

Hin & weg: Mit dem Fahrrad auf der Rheinfähre von Mannheim nach Altrip, anschließend 15 Min. zum Strand.

Beste Zeit: Im Sommer, am besten an einem Wochentag.

Dauer & Strecke: Einen entspannten Strandtag lang; die Fahrtzeiten der Fähre beachten.

Ausrüstung: Fahrrad, Fahrradhelm, Badesachen, Sonnenschutz und einen italienischen Krimi fürs Adria-Feeling.

EIN FRISCHES LÜFTCHEN

>‹ ... auf dem Auerbacher Schloss bei Bensheim ›‹

#31

Im Sommer muss man manchmal auf einen Berg steigen, um sich ein bisschen frische Luft um die Nase wehen zu lassen. Umso besser, wenn auf dem Gipfel eine imposante Burgruine wartet, von deren Türmen man eine herrliche Aussicht über Wälder und Felder hat.

Die Burg Auerbach kann täglich kostenlos besichtigt werden. Es wartet ein fantastischer Rundumblick.

Zunächst wird ein wenig geschwitzt: Es geht bergauf. Beim Kriegerdenkmal am Ende der Burgstraße zweigt rechts der Burgweg ab. Der Aufstieg zum Schloss Auerbach ist ab hier mit einem kleinen blauen Burgsymbol auf weißem Grund gekennzeichnet. Die Augen für die Umgebung offenhalten lohnt sich: Spätsommerlich vollbehangene Obstbäume säumen den Weg nach oben, ab und an öffnet sich der Blick übers Tal. Am gegenüberliegenden Hang ist der Park des Fürstenlagers zu erkennen, der übrigens unbedingt einen Abstecher wert ist, bevor es wieder heimwärts geht.

Schließlich gelangt man über eine kleine Brücke zum Schloss auf dem Gipfel des Auerbergs. Die imposante Burg Auerbach wurde im 13. Jahrhundert von einem Grafengeschlecht mit dem schönen Namen Katzenelnbogen errichtet. Nach Verwüstungen im 17. Jahrhundert verfiel das Gebäude zunehmend, mit Beginn des 19. Jahrhunderts war es dank seiner großartigen Aussicht bereits so beliebt bei Besuchern, dass erste Restaurierungsmaßnahmen vorgenommen wurden. Die Ruine kann täglich kostenlos besichtigt werden. Besonders lohnt sich der Weg auf die Mauer, auf der eine klein geratene Waldkiefer ihre Wurzeln um das Mauerwerk geschlungen und als älteste Waldkiefer Deutschlands überregionale Bekanntheit unter Botanikern erlangt hat. Beide Türme sind begehbar, und bei gutem Wetter hat man hier eine phänomenale Aussicht über den nördlichen Odenwald. Nebenan

Von den Türmen der Burg reicht der Blick zum gegenüberliegenden Park des Fürstenlagers.

befindet sich mit dem Melibokus der höchste Berg der südhessischen Bergstraße.

Unten in der Burgschenke gibt's im Sommer Erfrischungen und auch außerhalb der Öffnungszeiten kühle Getränke aus dem Automaten. Das kommt nach dem Aufstieg gerade recht! Regelmäßig finden hier auch Rittermahle statt (Reservierung & Öffnungszeiten unter www.schloss-auerbach.de). Jetzt noch eine Runde durch den Burggraben, dann geht's weiter über den Besucherparkplatz auf den Kapellenweg (Markierung Nummer 4) in Richtung der Kapelle Zur Not Gottes. Die Kapelle aus den 1960er-Jahren wurde an einer mittelalterlichen Wallfahrtsstätte erbaut.

Ab jetzt führt die gelbe Nummer 4 an einem Bach entlang bergab zum Parkplatz Höllberg. Ein kurzes Stückchen verläuft der Weg an einer Straße, kurz vor der ersten Kurve zweigt er links wieder in den Wald ab. Auf dem letzten Stück zeigt die gelbe Nummer 2 zwischen Gärten und Weinbergen den Weg zurück zum Ausgangspunkt.

FAZIT: EIN WUNDERSCHÖNER RUNDWEG, EINE HÜBSCHE BURGRUINE UND EINE SPEKTAKULÄRE AUSSICHT – DER PERFEKTE SOMMERTAG!

Hin & weg: Mit der Regionalbahn nach Bensheim-Auerbach.

Beste Zeit: Ganzjährig, am besten bei guter Sicht.

Dauer & Strecke: Mit Pausen 3 Std., ca. 6 km.

Ausrüstung: Münzgeld für den Getränkeautomaten bei der Burgschenke.

BIS DIE SONNE UNTERGEHT

⟩ ... am Rheinufer bei Speyer ⟨

#32

Wer einen Ausflug nach Speyer macht, sollte irgendwann auf jeden Fall eine ausgiebige Pause am Rhein einlegen: Es lockt ein breiter Kieselstrand in der späten Nachmittagssonne, und das auch noch vor der imposanten romanischen Kulisse des Speyerer Doms. Hier lässt es sich aushalten.

Die Anreise ist am schönsten mit dem Fahrrad auf dem Rheinauenweg: Von Mannheim führt das blaue R fast bis zum Ziel, hinter Ketsch weist dann die Beschilderung den

Weg Richtung Speyer. Direkt unterhalb der Salierbrücke, die den Rhein Richtung Speyer überspannt, liegt der breite Kieselstrand in der Sonne. Doch zuerst bietet sich ein Abstecher über die Salierbrücke an, denn gegenüber wartet Speyer mit seinen Sehenswürdigkeiten. Der Mariendom – 1061 geweiht – ist sogar die größte erhaltene romanische Kirche der Welt. Sechs Kaiserinnen und Kaiser und vier Könige sind in der Krypta beigesetzt worden. Dahinter kann man im Domgarten im Grünen wunderbar spazieren gehen, dem Skulpturengarten oder dem Heidentürmchen einen Besuch abstatten oder auch eine Runde Minigolf spielen. Ansonsten lohnt sich die Erkundung der Altstadt: Die Maximilianstraße führt direkt vom Dom zum Altpörtel, dem westlichen Stadttor der mittelalterlichen Stadtbefestigung.

Ab an den Rhein und Strandfeeling pur genießen! Im Sommer kann man hier ganz entspannt den Tag mit einem kühlen Getränk ausklingen lassen.

Nach der Stadttour folgt der gemütliche Teil des Tages: Auf der anderen Rheinseite ruft der Strand! Also zurück über die Salierbrücke. Vor dem Hotel Luxhof führt dann ein Weg die Böschung hinab zum Ufer. Hier sitzen zufriedene Menschen in der Sonne, kühlen die müden Füße im Rheinwasser, machen einen Strandspaziergang oder picknicken und grillen. Baden ist im Rhein aufgrund der starken Strömung nicht zu empfehlen, dem Strandfeeling tut das keinen Abbruch. Stattdessen kann man hier den Schwänen dabei zuschauen, wie sie ihre Runden ziehen. Ab und zu rasen Sportboote vorbei, die für regelrechten Wellengang sorgen und die Schwäne ordentlich zum Schaukeln bringen. Gegenüber liegen die großen Ausflugsschiffe am Ufer, dahinter ragen die Türme des Speyerer Doms in den Nachmittagshimmel. Wenn die Sonne langsam hinter den Türmen versinkt und die Hitze des Tages nachlässt, radelt man beschwingt nach Hause oder zum S-Bahnhof in Speyer oder Hockenheim.

> **FAZIT: PERFEKTER TAG MIT BEWEGUNG, KULTUR UND ENTSPANNTEM STRANDFINALE IN DER NACHMITTAGSSONNE.**

Hin & weg: Mit dem Fahrrad auf dem Rheinauenweg.

Beste Zeit: Frühling bis Herbst, das schönste Strandfeeling gibt's im Sommer.

Dauer & Strecke: Anreise auf dem Rheinauenweg 2 Std., 32 km.

Ausrüstung: Fahrrad, Fahrradhelm, Picknickdecke und Verpflegung.

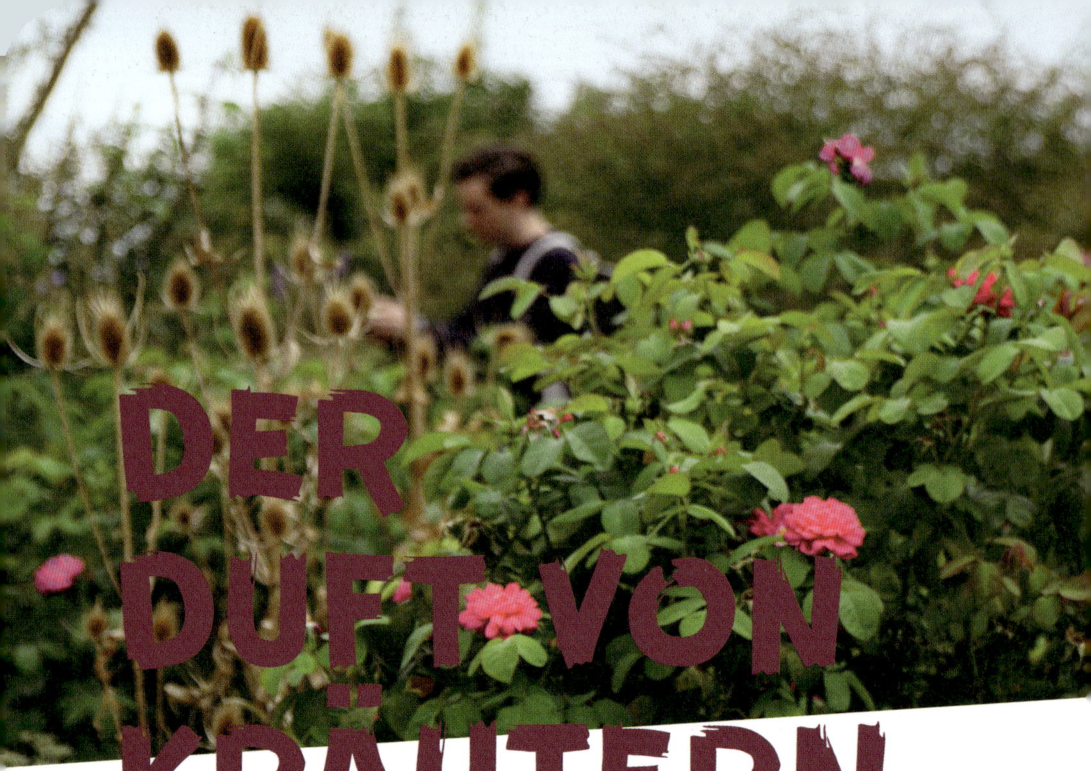

DER DUFT VON KRÄUTERN

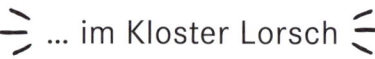

... im Kloster Lorsch

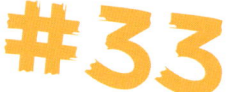

#33

Im Klostergarten von Lorsch blüht es von Frühling bis Spätsommer wie verrückt. Hinter der Zehntscheune liegt nämlich ein üppig bepflanzter und gut beschrifteter Kräutergarten. Vorbild war eine bemerkenswerte Handschrift aus dem 8. Jahrhundert: das »Lorscher Arzneibuch«.

#esblühtundduftet #KarolingerundKlosterkräuter #MuseumanderfrischenLuft

Das 900 Jahre alte Kirchenfragment wurde im Barock als Tabakscheune und Fruchtspeicher genutzt.

Das Kloster Lorsch war im Früh- und Hochmittelalter ein kulturelles Zentrum der Region. Das merkt man nicht zuletzt daran, dass so ziemlich jede Gemeinde im Umkreis ihre Ersterwähnung im »Lorscher Kodex« fand. Eine weitere bemerkenswerte Handschrift ist das »Lorscher Arzneibuch«, die älteste erhaltene Schrift zur Klostermedizin und Heilkunde im deutschsprachigen Raum (für Freunde alter Sprachen: Die Handschrift ist digitalisiert und kann online auf der Website der Staatsbibliothek Bamberg abgerufen werden). Das Werk enthält fast 500 Rezepte zur Anfertigung von Tinkturen, Pillen und Arzneien. Der Kräutergarten, der auf dem Klostergelände hinter der Zehntscheune angelegt wurde, enthält ausschließlich Pflanzen, die auch in dieser Schrift erwähnt werden.

Mandeln, Feigen, Gamander: Im Kräutergarten wachsen ausschließlich Heilpflanzen aus dem Lorscher Arzneibuch.

Das ist zum einen intellektuell sehr spannend: Live und in Farbe erlebt man hier, welche Gewächse schon vor 1200 Jahren in der Heilkunde bekannt waren. Berg-Bohnenkraut, Ysop, Wermut, Beinwell, Mädesüß und Portulack, aber auch Safran-Krokusse, Feigen und Pastinaken oder die giftigen Herbstzeitlosen – die Pflanzen sind alle mit kleinen Schildchen beschriftet. Zum anderen ist es schön anzusehen, wie die Pflanzen auf kleinen Terrassen üppig der Sonne entgegenwachsen. Es duftet hervorragend und die Luft ist vom zufriedenen Summen der Bienen und Hummeln erfüllt. Themenführungen zum Kräutergarten, aber auch Workshops, in denen selbst ein Hustensaft hergestellt wird, können unter www.klosterlorsch.de gebucht werden.

Ansonsten gibt es auf dem Gelände des UNESCO-Weltkulturerbes natürlich noch einiges mehr zu bestaunen. Die Königshalle etwa,

Auch Rosmarin wurde im 8. Jahrhundert schon in der Heilkunde eingesetzt.

die aus karolingischer Zeit erhalten ist und deren Inneres im Sommer bei stündlich stattfindenden öffentlichen Führungen besichtigt werden kann. Oder das Fragment einer Basilika aus dem 12. Jahrhundert. In der Zehntscheune und im Museumszentrum erfahren Interessierte mehr über die Geschichte und die Archäologie des Orts. Im benachbarten Freilichtlabor Lauresham haben Wissenschaftler ein lebensgroßes Modell eines karolingischen Herrenhofs errichtet, an dem sie in einem Langzeitversuch den Alltag und die Kulturtechniken der Menschen um 800 nach Christus erforschen können. Besucher dürfen das Gelände besichtigen und bekommen dabei eine gute Vorstellung davon, wie die Menschen in der Blütezeit des Klosters lebten und arbeiteten.

FAZIT: GESCHICHTS- UND MITTELALTER-FANS KÖNNEN HIER IHRER LEIDENSCHAFT IN EINEM WUNDERSCHÖN BLÜHENDEN KRÄUTERGARTEN NACHGEHEN.

Hin & weg: Regionalbahn nach Lorsch, dann 10 Min. zu Fuß.

Beste Zeit: Frühling bis Spätsommer.

Dauer & Strecke: Hier kann man sich ohne Probleme den ganzen Tag beschäftigen.

Ausrüstung: Ein bisschen Vorabplanung zur Buchung der Führungen ist sinnvoll.

ABENTEUER SCHLUCHT

 ... im Neckartal

Schlucht – das klingt nach Abenteuer, rauschenden Bächen und undurchdringbarem Pflanzendickicht. Gleich zwei prächtige Exemplare gibt es in den Bergflanken des Neckars – in der einen tost sogar der höchste Wasserfall des Odenwalds. Im Hochsommer ist es in den Schluchten herrlich kühl.

#Schluchtenwanderung #Abenteuerspaziergang #romantischerOdenwald

In Neckargerach hat der Flursbach die Margarethenschlucht in den Buntsandstein gegraben. Mehr als 100 Höhenmeter rauscht der Bach zum Neckar hinunter. Am schönsten erkundet man die Schlucht von der Talseite bergaufwärts. Von der S-Bahn-Haltestelle Neckargerach verläuft ein Pfad ungefähr 20 Minuten lang parallel zu den Bahngleisen Richtung Süden. Dann befindet sich linker Hand der Eingang in die Schlucht.

Kühl strömt das Wasser über die moosbedeckten Felsen. Immer wieder sammelt es sich in kleinen Becken, bevor es über den Felsrand in die Tiefe stürzt. Einer der Wasserfälle ist mit seinen zehn Metern der höchste der Region. Neben dem Bach führt ein gesicherter Weg Wanderer bis ganz nach oben auf den Gickelberg. Oben genießt man den Blick hinab in die Schlucht, bevor es zurück nach Neckargerach geht.

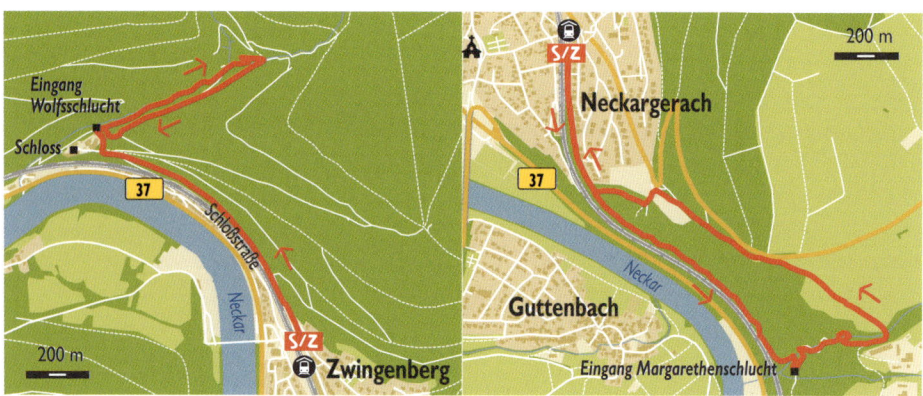

Ein kurzer Abstecher zum Schloss Zwingenberg eröffnet einen grandiosen Ausblick über das Neckartal.

Von Neckargerach fahren mehrere S-Bahn-linien innerhalb weniger Minuten weiter nach Zwingenberg. Von der Haltestelle geht es zu Fuß weiter in Richtung Schloss. Hier befindet sich der Eingang zur Wolfsschlucht. Vorher unbedingt die Aussicht über den Neckar mit der imposanten Schlosskulisse genießen! Im Schloss finden übrigens jährlich Festspiele

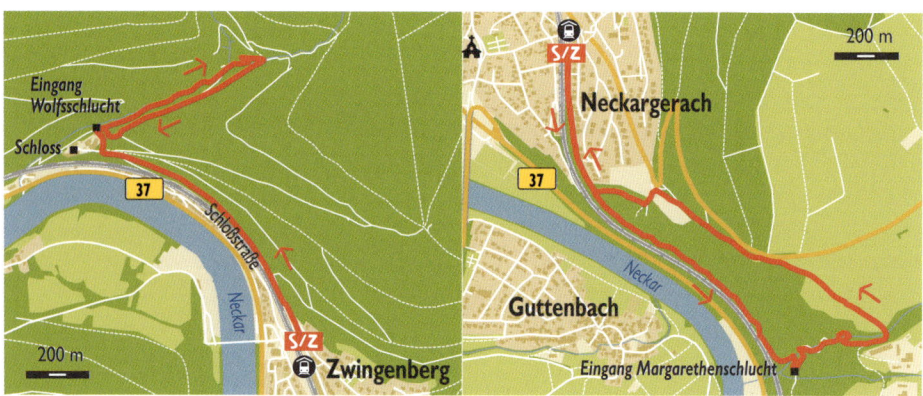

Im Schloss wohnt heute Prinz Ludwig von Baden – Zugang gibt es deshalb nur im Rahmen von Führungen.

statt, bei denen Carl Maria von Webers »Freischütz« aufgeführt wird – wurde der doch angeblich von der romantischen Wolfsschlucht zu seiner Oper inspiriert.

Die Wolfsschlucht kann ab hier auf einem ausgeschilderten Rundweg erkundet werden. Der kleine Weg führt vom Schloss rechter Hand nach oben, bis der Bach einmal nach links, dann wieder nach rechts überquert werden kann. Der Abstieg befindet sich etwas oberhalb der Schlucht. Der Pfad ist nicht ganz so gut ausgebaut wie in der Margarethenschlucht, dafür ist es hier grüner und wildromantisch. Prächtige Mooskissen voller Pilze am Schlossbächlein sind überwuchert von großen Farnen, umgestürzte Baumstämme liegen quer über der Schlucht. Je nach Jahreszeit ist der Weg nur teilweise begehbar. Kurz nach Unwettern sollte der Pfad sicherheitshalber nicht betreten werden.

> **FAZIT: WILDROMANTISCHE SCHLUCHTEN UND WASSERFÄLLE – ERNEUT BEWEIST DER HEISSGELIEBTE ODENWALD SEINE GRANDIOSE VIELSEITIGKEIT.**

Hin & weg: S-Bahn bis Neckargerach bzw. Zwingenberg.

Beste Zeit: Bei gutem Wetter ganzjährig.

Dauer & Strecke: Pro Schlucht knapp 4 km, insgesamt ist man ca. 4 Std. unterwegs.

Ausrüstung: Festes Schuhwerk.

AUF HEILIGEM SAND

>- ... in Worms -<

#35

Der Wormser Königshof ist Schauplatz des Nibelungenlieds, und Martin Luther verteidigte hier vor dem Reichstag seine 95 Thesen. Der Friedhof Heiliger Sand ist der älteste jüdische Friedhof Europas und mit seinen wild verwitterten, moosbewachsenen Steinen unbedingt einen Besuch wert.

Links: Auf dem Jüdischen Friedhof findet man alte Grabsteine aus dem 11. Jahrhundert.
Mitte: Figur an der Fassade des Wormser Doms.

Ausflüge nach Worms gehören zum Standardprogramm für alle, die in der Nähe aufgewachsen sind. Der Dom, das Lutherdenkmal, das Nibelungenmuseum – alles sehr sehenswert. Besonders spannend ist aber ein weiterer As-

pekt: Die Stadt ist voll von Zeugnissen jüdischen Gemeindelebens, einige davon tausend Jahre alt. Die Rabbiner in Warmaisa, wie die Stadt auf Hebräisch heißt, waren jahrhundertelang eine Autorität in Religionsfragen.

Und so ist der jüdische Friedhof in Worms eine Pilgerstätte für Menschen aus der ganzen Welt. Bedeutende Rabbiner sind hier begraben, der älteste Grabstein stammt aus dem Jahr 1059. Vor allem im sogenannten Rabbinertal im südlichen Teil des Friedhofs zeigt sich die Prominenz einiger Bestatteter. Nach jüdischem Brauch sind ihre Grabsteine über und über mit Bittzetteln und kleinen Steinchen bedeckt. Schön sind auch die Grabsteine im neueren Teil, der erst im 18. Jahrhundert angelegt wurde. Im Gegensatz zu den schlichten, traditionellen Steinen gibt es hier aufwendige Steine im Jugendstil und romantisch verzierte

Stelen. Mysteriös: Alle Gräber auf dem Heiligen Sand sind nach Süden ausgerichtet statt, wie üblich, nach Osten, Richtung Jerusalem. Eine Erklärung hat man bisher nicht gefunden.

Wer mehr über das jüdische Worms erfahren möchte, stattet dem ehemaligen jüdischen Viertel im Norden der Altstadt einen Besuch ab. Hier bestand seit 1034 eine Synagoge, ein Neubau entstand gleichzeitig mit dem Wormser Dom im 12. Jahrhundert. Nach seiner Zerstörung in der NS-Zeit wurde er 1961 wiederaufgebaut. Da es seit 1942 in Worms keine jüdische Gemeinde mehr gibt, wird die Synagoge von der Mainzer Gemeinde für Gottesdienste genutzt. Im Jüdischen Museum im historischen Raschi-Haus kann man in das mittelalterliche jüdische Leben eintauchen und sich mit dem gewaltsamen Ende hiesigen jüdischen Gemeindelebens unter den Natio-

nalsozialisten auseinandersetzen. Der Besuch der umliegenden Gassen, die nahezu unverändert erhalten sind, gleicht einer Reise in eine Zeit, in der Worms ein Zentrum für Juden aus ganz Europa war.

> **FAZIT: BEEINDRUCKEND, WIE VIEL URALTE GESCHICHTE SICH IN WORMS AUF KLEINEM RAUM ENTDECKEN LÄSST.**

Hin & weg: S-Bahn bis Worms Hbf.

Beste Zeit: Ganzjährig; am Schabbat (samstags) und an jüdischen Feiertagen ist der Friedhof jedoch geschlossen.

Dauer & Strecke: In Worms kann man ohne Probleme den ganzen Tag verbringen.

Ausrüstung: Männer sollten auf dem jüdischen Friedhof eine Kopfbedeckung tragen.

KLETTER- BÄUME UND WASSER- GRABEN

⋛ ... in Angelbachtal ⋚

#36

Das Wasserschloss in Eichtersheim überblickt einen kleinen, aber feinen Schlossgarten. Auf Wiesen, an Bächen und Wassergräben kann man die Zeit vergessen, knorrige alte Bäume bieten Schatten und so manche Kletter-möglichkeit. Die hügelige Landschaft des Kraichgaus ist ideal für gemütliche Spaziergänge.

#Schlossgraben #aufBäumeklettern #Weinbergspaziergang

Heidelberger kennen Jürgen Goertz' »S-Printing Horse« vor der Print Media Academy am Hauptbahnhof. Auch im Schlosspark in Eichtersheim lassen sich Werke des Bildhauers finden.

Eine alte Hängebuche wächst direkt am Wassergraben, der das Schloss Eichtersheim, im 16. Jahrhundert erbaut, umgibt. Ihre knorrigen, verschlungenen Äste hängen bis auf den Boden und verführen (nicht nur) Kinder dazu, ein bisschen auf ihnen herumzuklettern. Unter der Rotbuche mit dem knubbeligen Stamm direkt daneben watschelt eine Ente auf das Wasser zu, über die Krone einer Platane fliegt ein Storch. Im Park verstreut finden sich die

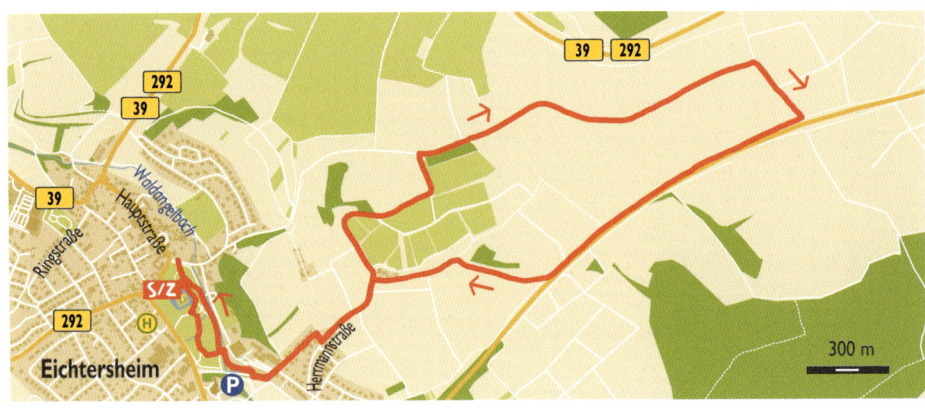

Die fünf Wanderwege rund um den Park dauern zwischen eineinhalb und vier Stunden. Sie sind gut ausgeschildert und führen über Weinberge und Hügel.

auffälligen Skulpturen des lokalen Künstlers Jürgen Goertz, der sein Atelier direkt nebenan in der ehemaligen Schlosskirche hat. Hier kann man bei gutem Wetter wirklich viel Zeit verbringen, wenn man mag!

Im Wasserschloss selbst arbeiten heute die glücklichen Gemeindeangestellten: Das Schloss ist seit 1980 Rathaus von Angelbachtal (die Gemeinde entstand aus dem Zusammenschluss von Eichtersheim und Michelfeld). Im Restaurant Heckerstuben, ebenfalls im Wasserschloss, gibt es gehobene, regionale Küche, bei gutem Wetter auf der Terrasse (www.hecker stuben.de). Regelmäßig finden im Schlosspark Mittelaltermärkte oder Ritterspiele statt.

Rund um den Park führen gut ausgeschilderte Wanderwege durch den Ort und die umgebenden Hügel und Weinberge. In der unmittelbaren Umgebung steht das Geburtshaus des badischen Revolutionärs Friedrich Hecker, der aus Eichtersheim stammte und 1848 versuchte, die badische Regierung zu stürzen. Der alte Ortskern mit seinen Fachwerkhäusern ist gut erhalten.

Jetzt eine kleine Weinbergwanderung! Wer den Park Richtung Schulstraße verlässt und der Beschilderung A1 folgt, findet sich nach kurzer Zeit auf den Wiesen und Feldern nordöstlich der Gemeinde wieder. Am Weingut von Hoensbroech geht es links, an Weinbergen vorbei bergauf zur Kuppe des Hermannsbergs. Hier unbedingt erst einmal innehalten, tief durchatmen und den Ausblick über die sanften Hügel genießen ... Am Ende des

Wegs schließlich rechts halten und an der Kreisstraße dem Pfad wieder nach rechts zum Ausgangspunkt folgen.

> **FAZIT: UNTER RIESIGEN PLATANEN WANDELN, DEN ENTEN AUF DEM WASSERGRABEN ZUSEHEN – HIER LÄSST SICH DIE ZEIT SCHNELL VERGESSEN.**

Hin & weg: S-Bahn nach Wiesloch/Walldorf, dann mit dem Bus nach Eichtersheim Bhf.

Beste Zeit: Frühling bis Herbst.

Dauer & Strecke: Die kleine Runde dauert nur ca. 1,5 Std., kann aber nach Belieben ausgeweitet werden.

Ausrüstung: Einfach hingehen.

SONNE TANKEN

⊰ ... rund um die Strahlenburg in Schriesheim ⊱

#37

Am Rand der Mittelrheinebene schmiegen sich die Weinberge bei Schriesheim so vorteilhaft an die Buntsandsteinfelsen des Odenwalds, dass sich der Blick über die gesamte Ebene öffnet. Zwischen zwei Burgruinen recken sie sich der Spätsommersonne entgegen. Doch auch ein Abstecher in den Wald darf nicht fehlen.

#bergauflohntsich #Weinbergromantik #BiergartenundBlütenweg

Den Fernmeldeturm auf dem Weißen Stein sieht man sonst in weiter Ferne aus dem Odenwald ragen.

Durch die sonnigen Weinberge führt ein steiler Weg hoch zur Strahlenburg. Der schlanke Bergfried ist von Weitem sichtbar. Doch auch der Blick ins Tal lohnt sich: Zunächst über Schriesheim, dann weit über die Rheinebene reicht er, am Horizont sind deutlich der Mannheimer Fernmeldeturm und das Collini-Center zu erkennen. Auf der Aussichtsterrasse des Burggasthofs lässt der Blick sich sogar ganz entspannt bei einer ersten Erfrischung genießen – die Sonne sorgt hier nämlich auch noch im Spätsommer für hochsommerliche Temperaturen.

Gut, dass es jetzt erstmal in den schattigen Wald geht: Das gelbe Kreuz markiert den Weg zum Weißen Stein. Zunächst führt er ungefähr einen Kilometer weit steil bergauf, dann wird die Steigung etwas sanfter. Immer wieder blitzt zwischen den Bäumen das Rheinebenen-

Panorama auf. Das letzte steile Stück von der Jägerhütte zum Weißen Stein lässt sich gut bewältigen, wenn man sich den gemütlichen Biergarten vor Augen führt, auf den man sich gerade zubewegt. Im Gasthaus Zum Weißen Stein wartet nämlich in Form von eiskalten Getränken die Belohnung, die sich nach so viel Bergauflaufen mehr als verdient anfühlt.

Der Biergarten Zum Weißen Stein bietet sich für eine erste Rast an. Auf der Schauenburg gibt es später Bänke und Tische für ein Picknick.

Etwa einen Kilometer geht es zurück auf dem gleichen Weg, dann zweigt links der Rundwanderweg Dossenheim 2 ab (Markierung Do2). Am Kottenbrunnen schließlich auf den Rundwanderweg Dossenheim 1 wechseln (Do1), der direkt zur Ruine der Schauenburg führt. Mittlerweile steht die Sonne schon etwas tiefer am Himmel und taucht die Sandsteinruine in stimmungsvolles Licht. Menschen sitzen auf den Mauerresten und unterhalten sich, eine Familie picknickt im Gras, das in einem ehemaligen Raum der Burg auf dem Boden wächst.

Wer die Wanderung abkürzen möchte, steigt nach Dossenheim ab und nimmt dort die Linie 5 nach Hause. Doch das letzte Stück lohnt sich noch: der Markierung Do1 noch etwa 400 Me-

ter bergabwärts folgen und dann scharf rechts auf den Blütenweg wechseln (gelbes B). Überwiegend bergab führt dieser in der Nachmittagssonne durch die Weinberge zurück nach Schriesheim.

> **FAZIT: WEINBERGE VOLLER TRAUBEN, EIN BIERGARTEN IM WALD, ZWEI ROMANTISCHE BURGRUINEN – UND JEDE MENGE SONNE!**

Hin & weg: Linie 5, 24 bis Schriesheim Bahnhof.

Beste Zeit: Ganzjährig.

Dauer & Strecke: 15 km, reine Laufzeit rund 4 Std., mit Rast und Ausblick deutlich länger.

Ausrüstung: Feste Schuhe, Trinkflasche.

RIESEN UND NIBELUNGEN

≳ ... im Felsenmeer bei Lautertal ≲

#38

Merkwürdig glatt und kissenförmig liegen
die gigantischen Steinblöcke auf dem
Hang des Felsbergs, als hätte sie eine
riesige Hand über den Berg ausgekippt.
Riesen sollen's auch gewesen sein,
die das Felsenmeer entstehen ließen,
Römer nutzten es als Steinbruch, und die
Nibelungen waren auch schon da.

Ob auf den Wanderwegen oder beim Kraxeln über die Felsen: Es lohnt sich, regelmäßig zurückzuschauen und den Blick über bunte Bäume und das grüne Tal schweifen zu lassen.

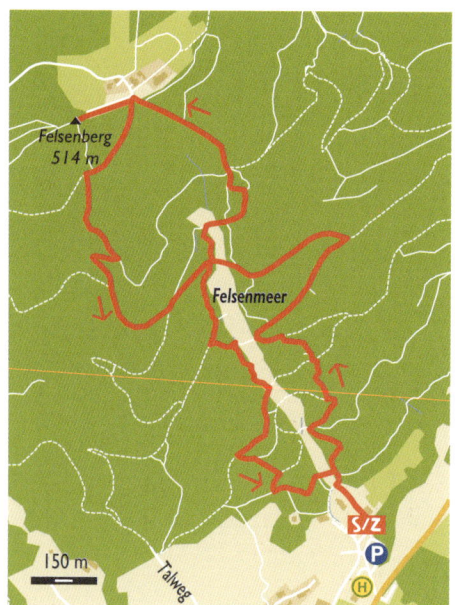

Die Entstehungsgeschichte geht so: Als die beiden Riesen Steinbeißer und Felshocker in Streit gerieten, bewarfen sie sich mit riesigen Felsbrocken. Die Steine landeten im Lautertal – das Felsenmeer entstand. Einer der Riesen wurde von den Felsen begraben. Ab und zu hört man ihn noch durchs Gestein klagen ... Kurz darauf scheint auch der Nibelunge Siegfried mal vorbeigeschaut zu haben, nur um an Ort und Stelle von Hagen von Tronje ermordet zu werden. Das legt zumindest die Siegfriedsquelle – wohlgemerkt eine von unzähligen Siegfriedsquellen im Odenwald – nahe. Ab und zu sprudelt sie zwischen den Felsbrocken hervor.

An einem Sommertag füllt sich der Parkplatz am Fuß des Hangs schnell, im Herbst ist hier vergleichsweise wenig los. In der Stille entfal-

tet der Ort seine magische Atmosphäre, und das rote Laub an den Bäumen und auf dem Waldboden taucht den Hang in warmes Licht. Ob man nun über die riesigen Felsbrocken bergauf klettert oder einen der Wanderwege am Rand der Halde nimmt: Auf den Spuren von Sagengestalten ist man stets unterwegs. Verschlungene Wurzeln wachsen auf und zwischen den Felsen. Moose, Farne und Flechten überwuchern die Steine, in denen so manches skurrile Gebilde zu erkennen ist. Ein »Krokodil« etwa reckt das riesige Maul dem Himmel entgegen, und auf einem »Riesensessel« weiter oben legte womöglich einer der Giganten, die das Felsenmeer erschufen, eine kurze Verschnaufpause ein. Holzschilder weisen den Weg zu den sonderbaren Formationen, die man teilweise erst bei genauerem Hinsehen entdeckt.

Der Kiosk auf halber Strecke hat gewöhnlich bis Ende Oktober geöffnet. Direkt daneben haben die Römer ihre Spuren hinterlassen: Eine gigantische Säule liegt wie achtlos weggeworfen im roten Laub. Sie ist eines von mehreren Hundert Werkstücken, die zu römischer Zeit hier behauen und dann wegen eines Bearbeitungs- oder Materialfehlers zurückgelassen wurden. Die Säule ließ sich vermutlich nicht plangemäß zerteilen, zum Transport am Stück war sie zu groß und schwer: Und so liegt sie friedlich da, als sei der Steinmetz nur mal eben in der Mittagspause.

Für das letzte Stück zum Gipfel des Felsbergs führt ein Weg seitlich der Felshalde. Oben bietet es sich an, den Parkplatz neben der Streuobstwiese zu überqueren und beim Abstieg die andere Seite des Hangs zu erkunden. Das rote N, das den Nibelungenweg markiert, führt zurück zum Infozentrum am Fuß des Hangs. Für alle, die die Geschichte mit den Riesen

nicht ganz überzeugt hat, wird dort erklärt, wie die Quarzdioritblöcke ihre sogenannte Wollsackform erhielten.

FAZIT: EIN STIMMUNGSVOLLER, HERBSTLICHER KLETTERTAG MIT NIBELUNGEN, RIESEN UND RÖMERN.

Hin & weg: Ab Benshim die Buslinie 664 bis Felsenmeer oder 665 bis Reichenbach Markt.

Beste Zeit: März bis Oktober.

Dauer & Strecke: 7 km, hinauf und wieder hinunter dauert es ca. 2 Std., je nachdem wie schnell man klettert oder läuft.

Ausrüstung: Feste Schuhe, wenn es kalt ist auch Handschuhe.

AUF WIESEN RODELN

 ... in Wald-Michelbach

Wenn der Schnee vor der Haustür mal wieder nicht zum Rodeln gereicht hat, dann rodelt man eben auf Schienen. Dafür ist die Abfahrt länger, der Schlitten fährt Schleifen und Kurven, und es gibt eine Handbremse. Und ein automatisches Seilsystem, das Fahrzeug und Fahrer am Ende wieder den Berg hochzieht.

Im Auto fühlen sich 40 Kilometer pro Stunde nicht besonders schnell an. In den gelben Schlitten, die einige Meter über dem steilen Hang auf Schienen entlanggleiten, sieht die Sache anders aus.

Achterbahn: Der Bob gleitet auf Schienen ins Tal, man ist durch einen Gurt gesichert, kann aber die Geschwindigkeit durch eine eigene Bremse selbst steuern. Dabei erreicht man Geschwindigkeiten von bis zu 40 Kilometern pro Stunde. Mit einem leichten Rattern geht es durch die Kurven – Neulinge bremsen ganz vorsichtig herunter. Doch spätestens bei der zweiten Fahrt wird man mutiger und legt sich mit ein bisschen mehr Geschwindigkeit in die Kurven. Wer lieber von außen zuschaut, hat auf der Sonnenterrasse einen guten Überblick über den Hang.

Von April bis Oktober hat direkt nebenan ein Kletterwald geöffnet, in dem nach dem Geschwindigkeitsrausch durch luftige Höhen geturnt werden kann. Auf bis zu 14 Metern Höhe führt der Parcours Erwachsene und Kinder ab sechs Jahren durch die Baumwipfel. Für die

Auf der Sommerrodelbahn in Wald-Michelbach kann man das ganze Jahr auf gelben Schlitten durch die Landschaft rasen. Die Fahrt fühlt sich an wie eine Mischung aus Rodelbahn und

Allein oder zu zweit fahren Sommerrodler die 1000 Meter ins Tal. Die Abfahrt dauert ungefähr dreieinhalb Minuten – hinauf geht's dann per Seilsystem.

ganz Kleinen befindet sich daneben ein Kletterlabyrinth, das ohne Ausrüstung begangen werden kann.

Bei gutem Wetter: Schwimmsachen nicht vergessen! Denn vom Gelände der Sommerrodelbahn ist das Waldschwimmbad Wald-Michelbach in 20 Minuten zu Fuß zu erreichen. Unter alten Bäumen lässt es sich hier hervorragend entspannen. Wer sich auf der Rodelbahn und im Kletterwald noch nicht ausgetobt hat, verbraucht die noch verbliebene Energie sicher bei einem Beachvolleyballmatch oder auf der Wasserrutsche. Unten in Wald-Michelbach können zudem – wenn kein Schwimmbadwetter herrschen sollte – die Schienen der alten Überwaldbahn, die von hier etwa zehn Kilometer bis nach Mörlenbach führen, mit einer Solardraisine befahren werden. Weitere Infos und Buchung unter www.solardraisine-ueber waldbahn.de

Hin & weg: Ab Weinheim Hauptbahnhof mit der Buslinie 681 bis Kreidacher Höhe.

Beste Zeit: Rodelbahn bei gutem Wetter ganzjährig (November bis März nur am Wochenende), Kletterwald nur April bis Oktober geöffnet, siehe www.sommerrodelbahn-wald-michelbach.de

Dauer & Strecke: Solange man mag.

Ausrüstung: Geschlossene Schuhe für den Kletterwald (Sandalen sind nicht erlaubt).

> **FAZIT: VIEL ZU TUN IN WALD-MICHELBACH! AUCH GROBARTIG FÜR EINEN AUSFLUG MIT KINDERN.**

GRÜNES MOOS, ROTES WASSER

 ... auf dem Drachenweg bei Hüttenthal

#40

Wald ist nicht gleich Wald: Jener auf dem Drachenweg ist besonders schön und, anders als der Name vielleicht vermuten lässt, vom Wasser dominiert: Bächlein und Quellen sprudeln zwischen Fichten und Tannen, Brunnen sorgen für Erfrischung – und auf halbem Weg versteckt sich ein Hochmoor zwischen den Bäumen.

#RotesWasser #grüneTannen #DrachenwegimOdenwald

Die Drachenwege bei Mossautal sind hervorragend ausgeschildert. Zum Hochmoor führt der Drachenweg Triumphalis mit der grünen Markierung MD 1. Links ab von der Güttersbacher Straße, vorbei an einem Bauernhof, ein paar Minuten den Berg hoch, und schon ist man mitten im Wald. Ein Vogellehrpfad führt hinauf auf den Vogelherd, die erste Erhebung, die es zu erklimmen gilt. Rechts geben die Bäume noch ab und zu den Blick auf grüne Wiesen frei, dann geht es tiefer in den wunderschönen Nadelwald. Selbst im Winter ist hier noch viel Grün zu sehen, denn der Waldboden ist vielerorts mit weichem Moos bedeckt.

Auch für einen Ausritt scheinen sich Teile des Drachenwegs gut zu eignen.

Überhaupt scheint der Wald hier besonders viel Wasser zu haben: Neben dem Weg ist oft ein Rinnsal zu sehen, in dem sich Farne und Gräser wohlfühlen, es gibt Bächlein, Quellen und Gräben und überall den feuchten moosigen Boden.

Auf der Hälfte der Strecke, kurz nach dem Olfener Bild, wartet dann der aquatische Höhepunkt der Wanderung: Das Rote Wasser von Olfen ist eines von wenigen erhaltenen Hochmooren im Odenwald. Neben einem Birkenwäldchen überwuchern Heidekraut, Flechten, Wollgräser und Moose das sumpfige Wasser, das seinen Namen einer rötlichen Färbung durch Eisenablagerungen verdankt. Je nach Jahreszeit laichen hier Frösche, sonnen sich Eidechsen auf dem Steg oder surren Libellen

Das ganze Jahr hindurch fühlen sich Moose, Farne und Flechten am Roten Wasser wohl.

durch die Lüfte. Wer möchte, erkundet das Moor auf einem Abstecher über den Steg.

Der Drachenweg Triumphalis führt rechts neben dem Roten Wasser hoch zum Gipfel des Spessartkopfs, der mit seinen 548 Metern die höchste Erhebung des Rundwegs ist. Ab jetzt geht's also nur noch bergab – zunächst durch den Wald, dann durch die grüne Wiesenlandschaft zurück nach Hüttenthal. Unterwegs, wenn der Wald sich langsam lichtet, lädt der idyllische Weißfrauenbrunnen zur Rast ein: Die Quelle ist naturbelassen und plätschert malerisch zwischen Bäumen bergab. In Hüttenthal schließlich geht es zwischen Forellenteichen zurück zur Güttersbacher Straße, die zum Ausgangspunkt führt. Ein bisschen weiter kann man im Lädchen der Molkerei

Hüttenthal unter der Woche und samstagvormittags frische Molkereiprodukte wie Butter, Käse und Ziegenmilch-Spezialitäten (www. molkerei-huettenthal.de) als leckeres Souvenir mitnehmen.

FAZIT: BEZAUBERNDER WALDWEG MIT MOORIGEM HÖHEPUNKT.

Hin & weg: Parkplatz an der Mossautalhalle in Hüttenthal vorhanden.

Beste Zeit: März bis November.

Dauer & Strecke: Mind. 4 Std., 16 km.

Ausrüstung: Wanderschuhe, Proviant und Trinkflasche (unterwegs gibt es keine Einkehrmöglichkeit).

LICHT INS DUNKEL BRINGEN

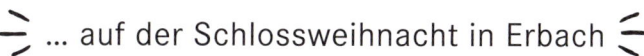

… auf der Schlossweihnacht in Erbach

#41

Graue und schmuddelige Vorweihnachts-tage erhellt man am besten mit einem Besuch in Erbach. Der mittelalterliche Zauber der Altstadt vertreibt Regen und Nebel. An Adventswochenenden verteilen sich rund um Schloss und Fachwerkhäuser die Stände der Erbacher Schlossweihnacht.

Eines vorweg: Das hübsche Städtchen im Odenwald ist nicht nur zur Weihnachtszeit einen Ausflug wert. Das gräfliche Schloss im Zentrum wurde im 18. Jahrhundert auf den Grundmauern einer alten Wasserburg errich-

tet. Der mittelalterliche Bergfried ist bis heute erhalten. Tritt man durch einen Torbogen des alten Rathauses, findet man sich im »Städtel« wieder, der Altstadt mit ihren Fachwerkhäusern. Malerisch plätschert die Mümling zwischen spitzen Giebeln durch die Stadt.

Während sich andernorts die Massen durch überfüllte Weihnachtsmärkte drücken, geht es hier auch im Advent entspannt zu. Das liegt daran, dass die Stände der Erbacher Schlossweihnacht locker in der Altstadt verteilt sind. So lässt sich die Erkundung des Städtel herrlich mit einem entspannten Bummel verbinden. Ein guter Ausgangspunkt ist der Marktplatz direkt am Schloss mit seiner barocken Fassade. Im Schlosshof wandert der Blick zunächst auf den Bergfried. Von hier lohnt sich auch ein Abstecher ins Schlossmuseum, in dem alles ausgestellt ist, was der leidenschaft-

Erbachs mittelalterliche Altstadt ist rund ums Jahr einen Besuch wert. Besonders stimmungsvoll zeigt sich das »Städtel« in der Adventszeit.

liche Sammler Graf Franz I. zu Erbach-Erbach von seinen Reisen zusammentrug. Seine Antiken- und Mittelaltersammlung ist ebenso erhalten wie die naturkundlichen Sammlerstücke. Nebenbei lässt sich so ein Blick auf das prachtvolle Innenleben des Schlosses werfen.

Draußen dämmert es nun bereits – und so wird es im Städtel besonders stimmungsvoll. Durch den Torbogen neben dem Rathaus, schon warten Fachwerk, gepflasterte Gässchen und dazwischen ein Stand mit Odenwälder Glühwein. Besonders sehenswert ist das Tempelhaus, ein Wohn- und Wehrturm aus dem 14. Jahrhundert. Zurück auf dem Marktplatz gibt es dann Leckereien zu genießen und Kunsthandwerk zu bestaunen.

Wer mag, kann flussabwärts auf der schönen Mümling-Promenade den Spaziergang fortset-

zen. Wem die Kälte bereits zusetzt, der wärmt sich einfach bei einem köstlichen Stück Torte und einer heißen Schokolade in einem der Cafés rund um Marktplatz und Schloss auf – z. B. im Café Klatsch in der Orangerie am Lustgarten.

FAZIT: SCHLECHTES WETTER? VORWEIHNACHTSSTRESS? IN ERBACH GEHT ES AUCH AN ADVENTSWOCHENENDEN GEMÜTLICH ZU.

Hin & weg: Mit der Regionalbahn nach Erbach (Odenwald), Umstieg in Eberbach.

Beste Zeit: Ganzjährig, besonders schön an Adventswochenenden.

Dauer & Strecke: Wenn man Lust hat, bis abends.

Ausrüstung: Warme, wetterfeste Kleidung.

KELTEN-STEINE UND RÖMER-VILLEN

⋝ … rund um Bad Dürkheim ⋜

#42

Der Teufelsstein über Bad Dürkheim diente vermutlich keltischen Siedlern als Kultstätte: In den Stein gehauene Stufen führen hinauf zu einer Opfer-schale. An einem Wintermorgen herrscht an dem riesigen Stein noch heute eine geheimnisvolle Atmosphäre.

#denKeltenaufderSpur #BadDürkheimvor2000Jahren #Winterwanderung

Der perfekte Ort für ein kleines Sonnenbad: Am Aussichtspunkt Schäferwarte hat man einen schönen Blick über das langsam erwachende Bad Dürkheim.

Rund um den Teufelsstein haben auf dem gleichnamigen Berg vorzeitliche Siedler ihre Spuren hinterlassen. Um 500 vor Christus wurde hier ein keltischer Ringwall errichtet und kurz danach wieder zerstört, in der Nähe befindet sich mit dem Kriemhildenstuhl ein alter römischer Steinbruch. Von dem Monolithen, der hier zwischen Kiefern auf einer kleinen Lichtung liegt, reicht der Ausblick bis zur Klosterruine Limburg, die sich auf dem Limburgberg befindet.

Vom Bad Dürkheimer Festplatz dauert der Aufstieg zum Teufelsstein eine knappe Stunde. Nach einem kurzen Weg durch die Leistadter Straße und die Sonnenwendstraße führen Treppen und Waldwege zunächst hoch zum Aussichtspunkt Schäferwarte mit Blick über die ganze Stadt. Mit der weiß-roten Markierung des Pfälzer Weinsteigs schlängelt sich dann ein schöner Waldweg weiter bergauf. Beim Schild zum Trimm-dich-Pfad geht es schließlich links zum Teufelsstein.

Hier scheint die Sonne am Morgen besonders stimmungsvoll durch die Kronen der Kiefern, die sich locker um den Stein herum verteilen. Auf der Oberfläche der vorzeitlichen religiösen Kultstätte wurden über mehr als zwei Jahrtausende keltische Symbole, germanische Runen, römische Inschriften und mittelalterliche Steinmetzmarkierungen hinterlassen. Laien erkennen vor allem die Spuren vieler Besucher aus den letzten Jahrhunderten. Stufen auf der flachen Seite des Teufelssteins führen hinauf zu einer Schale, in der womöglich rituelle Opfer dargebracht wurden. Eine Blutrinne läuft von hier neben den Stufen hinab.

Der Winter liegt schon in den Endzügen: Die ersten Lämmer sind zwar geboren, an den Weinreben zeigt sich aber noch kein grünes Blatt.

Wer die Geheimnisse des Teufelssteins gebührend erforscht hat, folgt der rot-weißen Markierung zum Schlagbaum und anschließend der Beschilderung zum Forsthaus Weilach. Hier geht es kurz geradeaus an der Straße entlang, bis der Wald endet und die Weinberge beginnen. Wer sich links der Straße hält, findet zwischen den Weinbergen hinab Richtung Leistadt und auf dem Wanderweg Deutsche Weinstraße schließlich zurück nach Bad Dürkheim.

Unterwegs lohnt sich der ausgeschilderte Abstecher zum römischen Weingut Weilberg. Die Villa Rustica wurde teilweise rekonstruiert, sodass man sich mithilfe der Grundmauern gut vorstellen kann, wie das römische Landhaus im 4. Jahrhundert nach Christus aus-

gesehen haben könnte. Danach geht es auf sonnigen Wegen durch die Weinberge zurück nach Bad Dürkheim. Hier kann man von der Michaelskapelle direkt über dem Festplatz einen guten Ausblick auf die riesige Saline der Kurstadt genießen.

FAZIT: SPANNENDE WALD- UND WEIN-
BERGRUNDE AUF DEN SPUREN URALTER
BESIEDLUNGEN.

Hin & weg: Linie 4 nach Bad Dürkheim Bahnhof.
Beste Zeit: Ganzjährig, schöne Winterwanderung.
Dauer & Strecke: Mit Abstecher etwa 4 Std., 12 km.
Ausrüstung: Wasser und Proviant.

3. KAPITEL
MINIURLAUB

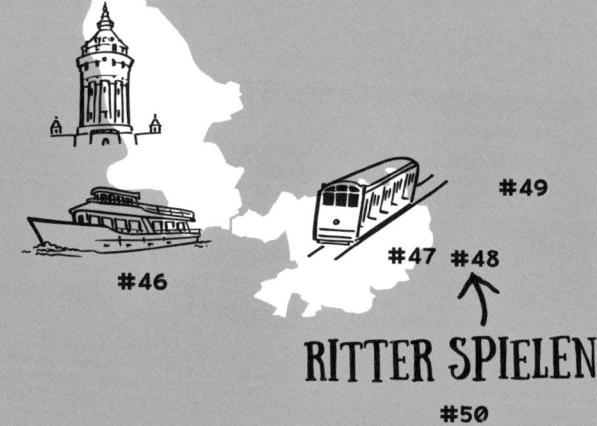

#45   #44

#49

#47 #48

#46

↑

PRETTY
IN PINK

RITTER SPIELEN

#50

#43

#51

ÜBER GRENZEN
HINWEG

↓

#52

Ferien für ein Wochenende

Zelten am See, Trekking im Wald oder Wanderspaß über Berg und Tal: Ein Wochenende in der Natur kann sich anfühlen wie die ganz großen Ferien.

36 H

DEN KRAICHGAU IM BLICK

≥ ... auf der Burg Steinsberg bei Sinsheim ≤

#43

Auf einem ehemaligen Vulkan bei Sinsheim thront seit fast tausend Jahren die Burg Steinsberg. Als Machtsymbol der Stauferkaiser wachte sie über wichtige Handelsstraßen. In der Umgebung führen Wander- und Radwege durch grüne Hügel und Wälder.

Zeit für eine Rast. Die dicken Steinmauern speichern schon die Wärme der Frühlingssonne.

Als »Kompass des Kraichgaus« ist die Burg Steinsberg im Sinsheimer Stadtteil Weiler bekannt, weil sie aus allen Richtungen schon von Weitem zu sehen ist. Das bedeutet im Gegenzug, dass der Ausblick von den trutzigen Ringmauern gigantisch ist. Über Weinberge, Felder und grüne Hügelketten reicht der Blick bei gutem Wetter über Sinsheim, Weiler und das Elsenztal. Beim namensgebenden Steinsberg handelt es sich um einen Basaltkegel, um einen ehemaligen Vulkan also, der vor 55 Millionen Jahren erlosch. Er stellt mit 333 Metern den höchsten Berg des nördlichen Kraichgaus dar. Die Wiesen rund um die Burgmauern eignen sich übrigens hervorragend zum Picknicken und Faulenzen in der Sonne.

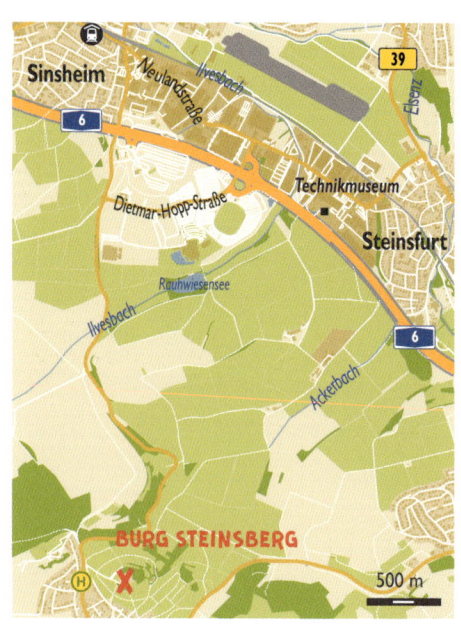

Der Bergfried in der Mitte der Anlage wurde um 1220 erbaut und ist in seiner achteckigen Form ein typisches Bauwerk aus der Zeit der Stauferkaiser – wie auch das berühmte Castel del Monte in Apulien mit seinem ebenfalls achteckigen Grundriss. Der 30 Meter hohe Turm kann bestiegen werden: In seinem Inneren führt eine hölzerne Wendeltreppe auf schmalen und steilen Stufen nach oben. In der Burgschenke finden regelmäßig öffentliche Rittermahle statt, bei denen Ritter Uwe und Edelfrau Uta die Gäste ritterlich bewirten (vorab buchen unter www.burg-steinsberg.de).

Wer den Keupersandstein der Burg gegen das Grün der Umgebung eintauschen will, findet zahlreiche Wanderwege zum Spazieren und Erkunden, aber auch ein gut ausgebautes Radwegenetz. Im Bürgerbüro Sinsheim gibt

Frühlingstag an und in der Burg Steinsberg: Sie ist ein beliebtes Ausflugsziel für Wanderer und Radfahrer.

es die Rad- und Wanderkarte »Rund um den Steinsberg« mit 30 Tourenvorschlägen (die Touren sind auch online zu finden unter www.sinsheimer-erlebnisregion.de). Direkt an den Mauern der Burg Steinsberg können Minigolf-Fans die Schläger schwingen.

Hin & weg: Mit der Regionalbahn nach Sinsheim, dann Buslinie 763 nach Weiler Grötzenstraße.

Beste Zeit: Ganzjährig.

Dauer & Strecke: Füllt ein Wochenende.

Ausrüstung: Evtl. Fahrräder, Kamera für großartige Panoramafotos.

Wenn es Nacht wird: Im Ortsteil Weiler gibt es einige Ferienwohnungen, z. B. die Ferienwohnung Zangl mit Blick auf die Burg Steinsberg (www.urlaub-am-steinsberg.de).

Falls das Wetter mal nicht mitspielt: kein Problem! Mit Kindern (und erwachsenen Technikbegeisterten) bietet sich ein Besuch im Technikmuseum an, in dem neben Dampfloks, Oldtimern und Formel-1-Rennwagen auch eine Concorde und eine Tupolev von innen besichtigt werden können. Oder man bettet sich in der Thermen- und Badewelt Sinsheim unter Palmen und beobachtet die Regenwolken aus sicherer Entfernung durch das Panoramadach (www.badewelt-sinsheim.de).

FAZIT: WUNDERSCHÖNE GRÜNE HÜGEL, ZAHLREICHE RAD- UND WANDERWEGE UND EINE STAUFERBURG, DIE VIEL RITTER-ROMANTIK VERSPRÜHT.

DER KÖNIGIN HULDIGEN

 ... in Gimmeldingen in der Pfalz

Die Römer brachten sie einst aus dem Mittelmeerraum in die Pfalz, heute stehen jedes Jahr im März oder April allein in Gimmeldingen 2500 Mandelbäume in voller Blüte. Anlass genug für einen Pfalz-Kurztrip mit Weinbergwanderungen mal in Rosa.

#Mandelblütenpracht #WeinbergeinRosa #derFrühlingistda

Das schöne Frühlingswetter lässt noch auf sich warten, dafür legen sich die Mandelbäume ordentlich ins Zeug.

Jedes Jahr wartet ganz Gimmeldingen gespannt auf die ersten Knospen, denn erst wenn klar ist, wann die Mandelbäume blühen, wird der Termin für das berühmte Mandelblütenfest bestimmt. Zum Event locken dann die weißen und rosafarbenen Bäume Tausende Besucher – wer es etwas ruhiger mag, kommt zu einem anderen Zeitpunkt während der Mandelwochen und bestaunt die pastellfarbene Pracht. Unter www.mandelbluete-pfalz.de wird fast täglich über den aktuellen Stand der Blüte informiert.

Wo sonst der Weinanbau die Hauptrolle spielt, blühen im Frühling Tausende Mandelbäume. »Dürkheimer Krachmandeln« haben weiße Blüten, »Perlen der Weinstraße« hüllen ihre Äste dagegen ganz in Rosa.

In Gimmeldingen erfahren Besucher auf einem kleinen Mandellehrpfad mehr über das Steinobst. Zum Beispiel, dass die bitteren »Perlen der Weinstraße«, die nicht zum Verzehr geeignet sind, rosa blühen, während die süßen Dürkheimer Krachmandeln mit der dünnen Schale ihre Äste ganz in Weiß hüllen. Und

Hin & weg: Mit der S-Bahn bis Neustadt (Weinstraße) Hbf, dann Buslinie 512 nach Gimmeldingen.

Beste Zeit: Ganzjährig, besonders schön zur Mandelblüte im März oder April.

Dauer & Strecke: Auf dem Mandelpfad zur Wachtenburg sind es etwa 2 Std., 9 km.

Ausrüstung: Kamera!

Wenn es Nacht wird: Im alten Herrenhaus in der Arndorff'schen Mühle lässt es sich stilvoll nächtigen (www.nettslandhaus.de).

dass die Mandelkönigin – eine rosa blühende Süßmandelsorte – nicht zu verwechseln ist mit der Mandelblütenkönigin, die jedes Jahr gemeinsam mit der Mandelblütenprinzessin den Ort bei offiziellen Anlässen repräsentiert. Daneben findet ein buntes Programm rund um die Mandel statt, es sind Weinstände entlang der Wege aufgebaut, und wenn es die Temperaturen zulassen, sitzen Besucher gerne auch draußen unter den Bäumen am Wegesrand.

Bei gutem Wetter bietet sich eine kleine Wanderung entlang des Mandelpfads an, der über 77 Kilometer von Bad Dürkheim nach Schweigen-Rechtenbach verläuft. Von Gimmeldingen erreicht man in zweieinhalb Stunden die Wachtenburg, unterwegs findet man jede Menge schöner Aussichten und Weinstuben, die eine gute Auswahl an Pfälzer Weinen bie-

ten. Auch Wachenheim steht ganz im Zeichen der Mandelblüte.

Bei schlechtem Wetter – kann ja im März mal vorkommen – heitert ein Besuch im Spa im Hotel Kaisergarten in Deidesheim (www.wolf-vital-spa.de) die Stimmung in Nullkommanichts wieder auf.

FAZIT: DIE ERSTEN FARBTUPFER IM JAHR, UND DANN IN SOLCHER FÜLLE! MACHT SPAß UND VERTREIBT DEN WINTER.

WALDNÄCHTE UND LAGER-FEUER

 ∋ ... in der Ostpfalz ∈

 **#45**

Schon mal mitten im Wald übernachtet? Für Stadtkinder klingt das möglicherweise erstmal ein wenig unheimlich, so ganz ohne Zivilisation, fließendes Wasser und Handyempfang. Wer sich aber traut, wird mit Lagerfeuerromantik, Stille und einem zauberhaften Sternenhimmel belohnt.

Alles, was man zum Trekking braucht, trägt man auf dem Rücken den Berg hoch – schlaues Packen ist also angesagt. Ein vorbereitetes Frühstück, beispielsweise aus Couscous und Früchten, spart Platz.

Wo genau die 14 Trekkingplätze im Pfälzerwald sich befinden, ist geheim: Die GPS-Daten erfahren Abenteuerlustige erst nach der Buchung. Platz 14, so viel darf man wissen, liegt in der Nähe von Lambrecht – wie alle Trekkingplätze – mitten im Wald, fernab von Siedlungen, Straßen, Wasserleitungen und einem brauchbaren Handyempfang. Dennoch ist der Weg dorthin auch für Trekking-Neulinge machbar: Auf der kürzesten Route ist man nach etwa einer Stunde Bergauflaufen am Platz. Wer möchte, kann die Plätze auch nacheinander abklappern und ist dementsprechend länger unterwegs.

Sind die Zelte aufgebaut, die Heringe im Waldboden versenkt und die Isomatten ausgerollt, wird erst mal Holz für das Lagerfeuer gesammelt. Dieses darf – außer bei Waldbrandgefahr – in der ausgewiesenen Feuerstelle entzündet werden. Dann wird gekocht. Wenn das Holz trocken ist und das Feuer gut brennt, können geeignete Töpfe direkt in die Glut gestellt werden. Das dauert möglicherweise ein bisschen länger als auf dem Campingkocher, macht aber besonders viel Spaß und sieht sehr nach Leben in der Wildnis aus.

Überhaupt ist die Feuerstelle das Herz des Trekkingplatzes. Selbst in kühlen Frühlings- oder Herbstnächten ist es hier kuschelig warm. Direkt um das Feuer gibt es Bänke und eine Steinumrandung, auf der man auch sitzen kann. Auf Holztischen kann das Gemüse fürs Abendessen geschnippelt werden.

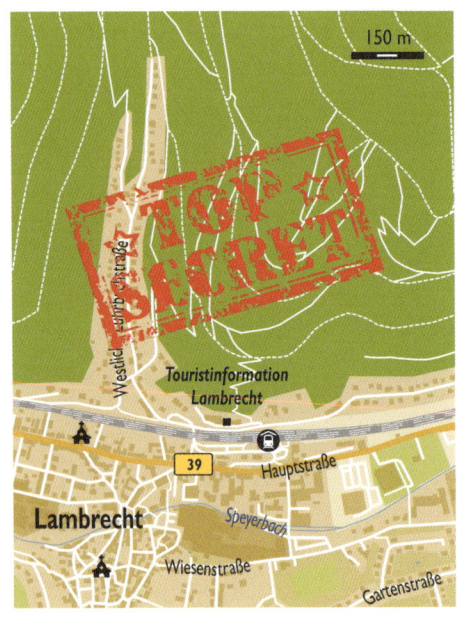

Ansonsten gibt es außer einem Klohäuschen jedoch keine Infrastruktur, auch keine Wasserquelle – also unbedingt ausreichend Wasser zum Trinken, Kochen, Händewaschen und Zähneputzen mitbringen!

Hin & weg: Den genauen Standort gibt es nach der Buchung.

Beste Zeit: Die Trekkingplätze sind von April bis Oktober geöffnet.

Dauer & Strecke: Pro Platz ist nur eine Übernachtung am Stück möglich, die Plätze lassen sich aber problemlos nacheinander »abwandern«.

Ausrüstung: Unter www.trekking-pfalz.de gibt's eine Liste, was auf keinen Fall im Rucksack fehlen sollte.

Wenn es Nacht wird: Ab ins Zelt – oder doch lieber unter freiem Himmel im Biwaksack? Buchung unter oben genannter Website möglich.

Nach dem Abendessen machen es sich alle am Feuer gemütlich, sehen der Sonne zu, wie sie hinter den Bergen versinkt und beobachten, wie sich allmählich der Sternenhimmel zeigt. Ist das Feuer dann heruntergebrannt, sollte man vor dem Schlafengehen überprüfen, dass keine Essensreste herumliegen, und die Vorräte mit einem Seil in die Bäume hängen. Im Wald gibt es nämlich Wildschweine, die auch gut verpacktes Essen erschnüffeln und die man lieber nicht ans Zelt locken will. Am nächsten Morgen erwacht man sanft von den unzähligen Vogelstimmen des Walds.

FAZIT: EINZIGARTIGES LAGERFEUERABENTEUER UNTER BAUMWIPFELN UND FUNKELNDEN STERNEN.

PADDEL AHOI!

... auf der Kollerinsel bei Brühl

#46

Ein Wassersportwochenende ist nur eine kurze Fährfahrt entfernt. Denn im Rhein wartet die Kollerinsel: mit Sandstrand, Naturschutzgebiet, klarem Wasser und einem modernen Campingplatz. Hier sticht man mit dem Kanu in See oder versucht sich im Stand-Up-Paddeln. Die nahe Zivilisation rückt dabei in weite Ferne.

Es hat etwas Entspannendes, wenn man auf einer Art Surfbrett steht, in der Hand ein Paddel, und gemächlich in den Sonnenuntergang gleitet. Dabei sollte natürlich die Umgebung stimmen. Blaues Wasser mit sattem Grün an den Ufern, vielleicht noch ein Sandstrand? Das ganze Paket bekommt man auf der Kollerinsel zwischen Brühl auf der einen und Otterstadt auf der anderen Rheinseite. Stilecht mit Anreise auf der Kollerfähre von Brühl.

Hin & weg: Von Brühl mit dem Fahrrad und der Kollerfähre oder von Speyer in ca. 30 Min. mit dem Rad.

Beste Zeit: Geöffnet März bis Ende Oktober, am schönsten im Sommer.

Dauer & Strecke: Ein entspanntes Wochenende lang.

Ausrüstung: Fahrrad, Fahrradhelm, Campingausrüstung und Schwimmsachen.

Wenn es Nacht wird: Zelt oder Planwagen, Blockhaus oder Schäferwagen?

Der blau angestrichene Schäferwagen ist besonders gemütlich eingerichtet, doch auch im herkömmlichen Zelt fühlt man sich auf dem Campingplatz am Kollersee wohl.

Bei der Kollerinsel handelt es sich streng genommen um eine Halbinsel. Auf der einen Seite liegt der Rhein, auf der anderen Seite der Kollersee. Der wiederum ist ein Altrheinarm und mündet im Norden in den Rhein. So wie die Insel fälschlich »Insel« heißt, heißt also auch der See zu Unrecht »See«. Aber das macht gar nichts. Idyllisch ist es hier und ruhig: Die ganze Insel ist ein Naturschutzgebiet. Das hat zudem den Vorteil, dass Stand-up-Paddler nicht von Jetskis und Motorbooten umkreist werden – im Kollersee fahren nur Segelboote. Neben der SUP-Station befindet sich außerdem noch ein Kanuverleih.

An den Ufern stehen riesige alte Bäume, an einer Seite wartet ein einladender Sandstrand. In der Mitte des Sees können Unternehmungslustige die Leberwurstinsel besuchen. Wer sich mit Schwimmen, Paddeln und Herumlun-gern am Strand noch nicht ausgelastet fühlt, schnappt sich das Fahrrad und erkundet die Insel. Für Kulturhungrige: Speyer ist mit dem Rad gerade einmal 30 Minuten entfernt.

Der Campingplatz wurde erst 2017 eröffnet. Neben einer auto- und stromfreien Zeltwiese gibt es auch einige geradezu glamouröse Unterkünfte: Vier Planwagen, drei Zeltlodges, ein Blockhaus und Wohnwagen überzeugen auch Camping-Skeptiker. Besonders liebevoll eingerichtet ist der blau angestrichene Schäferwagen. In der Hauptsaison am besten frühzeitig reservieren (www.camping-kollersee.de).

FAZIT: STRANDIDYLLE AN EINEM ALT-RHEINARM, UND DAS OHNE MENSCHEN-MASSEN. PSSST, NICHT WEITERSAGEN.

URLAUB (FAST) ZU HAUSE

 ≟ … am Neckar bei Heidelberg ≟

 **#47**

Ein Camping-Wochenende fühlt sich schnell an wie ein richtiger Urlaub – auch wenn der Campingplatz gar nicht weit von zu Hause weg ist. Zwischen Ziegelhausen und Neckargemünd kann man das Wochenende unter großen Bäumen direkt am Neckar verbringen.

Alle Siebensachen eingepackt, und auf geht's ins Wochenende! Mitten im Grünen, ganz in der Nähe von Heidelberg, bietet der Campingplatz Haide die Möglichkeit, sich ohne große Anreise ganz weit weg zu fühlen. Auf einer großen Wiese unter schattigen Bäumen schlägt man hier sein Zelt auf. Nur das ferne Rauschen der Straße erinnert an die Nahe Zivilisation, und es geht angenehm langsam zu. Ruhig fließt der Neckar vorbei, dank der langgezogenen Form des Platzes steht kein Zelt weit weg vom Wasser. Dennoch ist der Platz hoch genug gelegen, um auch bei Hochwasser trocken zu bleiben.

Ist das Zelt aufgebaut, werden die Ausflüge für das Wochenende geplant. Praktischerweise liegt der Campingplatz direkt am Neckartal-Radweg (www.neckartalradweg-bw.de), sodass es in die Heidelberger Altstadt nur 30, nach Neckargemünd 15 Minuten dauert. Wer nicht mit dem eigenen Fahrrad angereist ist, kann vor Ort eines ausleihen. Warum nicht

Wer morgens den Kopf aus dem Zelt streckt, wird mit einem Blick aufs Wasser belohnt: Direkt am Zeltplatz fließt der Neckar aus dem Odenwald in Richtung Heidelberg.

mal die Heidelberger Altstadt aus Touristensicht erkunden und die weltberühmte Schlossansicht wieder schätzen lernen? Oder rein ins Neckartal radeln und die Fachwerkhäuser Neckargemünds und seine romantischen Burgen neu entdecken?

Ansonsten kann die unmittelbare Umgebung des Campingplatzes zu Fuß erkundet werden. Am südlichen Ende führt ein gelbes Tor zu einer Feuerstelle. Dahinter blühen auf einer großen Blumenwiese Taubnesseln, Giersch und Gundermann, und es liegt ein würziger Kräuterduft in der Luft. Oberhalb der Straße führen Waldwege zum rauschenden Bärenbach bei Ziegelhausen oder zur Rothsnasenhütte mit Blick über Neckargemünd. Abends werden dann am knisternden Feuer Marshmallows gegrillt, während der Neckar im Hintergrund durch die

Berge fließt und der Wind in den Baumwipfeln rauscht. Ganz großes Urlaubskino!

FAZIT: RADELN, DURCH DIE WÄLDER STREIFEN ODER ENTSPANNTES CAMPING — DER NECKAR IST EIN GANZ WUNDERBARER FREIZEITBEGLEITER.

Hin & weg: Mit der S2 bis Heidelberg Orthopädie, dann noch 15 Min. weiter mit dem Fahrrad.

Beste Zeit: Sommer.

Dauer & Strecke: Ein Wochenende lang.

Ausrüstung: Campingausrüstung, evtl. Fahrrad und Fahrradhelm.

Wenn es Nacht wird: Campingplatz Haide direkt am Neckar, Infos und Buchung unter: www.camping-haide.de

DIE STADT HINTER SICH LASSEN

 ... auf dem Dilsberg

Genug von Autolärm und Betondschungel? Dann nichts wie raus aus der Stadt, am besten fürs ganze Wochenende. Das perfekte Refugium findet man auf der Bergfeste Dilsberg – ganz nah und doch so idyllisch.

#Neckartalfavoriten #BurgenüberBurgen #Wochenendidylle

Die Tage geht man hier am besten gemütlich an. Ein hervorragender Start ist zum Beispiel ein Schokofrühstück in der Chocolaterie von Eva Hess. In den hübschen Räumen im alten Gasthaus zur Burg gibt's auf Reservierung einen Traum aus der eigenen Schokoladenküche (freitags, samstags und jeden ersten Sonntag im Monat, www.das-beste-zum-schluss.de). Wer nun den Drang nach ein bisschen Bewegung verspürt, umkreist für einen Überblick zunächst auf dem Rundweg die alte Stadtmauer und erkundet dann die Gassen, die sie einfasst.

Ganz oben auf der Spitze des Dilsbergs liegt sie, die alte Bergfeste, der historische Ortskern von Dilsberg. Mindestens seit 1208 befand sich hier eine Burg, die unter anderem die Belagerung durch Tilly im Dreißigjährigen Krieg unbeschadet überstand. Zur Ruine machten sie die Dilsberger selbst, die im 19. Jahrhundert mit den Steinen ihre Wohnhäuser bauten. Heute kann die Ruine besichtigt werden (www.burg-dilsberg.de). Spannend ist eine Führung durch den Brunnenstollen aus dem 17. Jahrhundert, der lange Zeit zugeschüttet war und um 1900 wiederentdeckt wurde. Im

Winter schlafen hier übrigens seltene Fledermausarten mit schönen Namen wie Großes Mausohr und Kleine Bartfledermaus.

Beim Erkunden des Dilsberg hat man ihn immer wieder unverhofft vor sich: den groß-artigen Ausblick über das Neckartal. An der Schleife, die der Neckar zwischen Dilsberg und Neckarsteinach schlägt, gibt es wahrlich keinen Mangel an Burgen zu beklagen: Direkt gegenüber lassen sich vier weitere Ruinen erspähen. Um die Burg Schadeck, die wie ein

Aus Neckarsteinach blickt man auf den Dilsberg mit seiner Burg, den hübschen Gassen und seinen grünen Wiesen (linke Seite, oben und unten rechts), vom Dilsberg aus ist wiederum die Burg Schadeck zu sehen (unten links).

Schwalbennest am steilen Hang klebt, ranken sich Raubritterlegenden. Neben Vorder-, Mittel- und Hinterburg kann sie vom Dilsberg aus über den Neckarsteig in etwa einer Stunde erwandert werden. Auf einem schönen Waldpfad geht es zunächst hinab an den Fluss, dann über die Staustufe von Baden-Württemberg ins hessische Neckarsteinach mit seinen Burgen. Von hier aus hat man auch einen hübschen Überblick über den kegelförmigen Dilsberg mit der Feste auf der Spitze.

Wer dem Neckarsteig von Dilsberg aus in die andere Richtung folgt, stößt nach etwa eineinhalb Stunden auf die Altstadt von Neckargemünd. Badesachen nicht vergessen: Gegenüber auf der anderen Flussseite befindet sich inmitten grün bewaldeter Hügel das Terrassenfreibad. Wen es doch an den Neckar zieht, der reserviert sich vorab ein Kanu und

paddelt von hier bis nach Heidelberg (www.kanuverleih-neckargemuend.de).

> **FAZIT: SPAZIEREN, WOHNEN UND SCHOKO-FRÜHSTÜCKEN IN EINER ALTEN BERG-FESTE – IM NECKARTAL WIRD ALLES GUT.**

Hin & weg: Buslinie 753 bis Dilsberg Vor dem Tor (Umstieg in Neckargemünd).

Beste Zeit: Frühling bis Herbst.

Dauer & Strecke: Ein komplett entspanntes Wochenende lang.

Ausrüstung: Badesachen, vorher außerdem um die Reservierung in der Chocolaterie kümmern.

Wenn es Nacht wird: Die Jugendherberge Dilsberg befindet sich im Stadttor der Burgfeste und wurde 2019 frisch saniert (www.neckargemuend-dilsberg.jugendherberge.de).

MARK TWAIN UND DER NECKAR

 … in Hirschhorn im Neckartal

#49

Für die Einwohner des Städtchens hatte Mark Twain auf seiner Deutschlandreise einige bissige Kommentare übrig. Hirschhorns Schönheit konnte ihn dennoch überzeugen, als er in einer stürmischen Nacht mit dem Floß anlegte, in einem Gasthaus blieb und am nächsten Morgen die Burg und die Altstadt besichtigte.

Die ältesten Teile des Hirschhorner Schlosses sind über 800 Jahre alt. Den großartigen Ausblick sollte man sich nicht entgehen lassen. An der südlichen Neckarseite ist die Ersheimer Kapelle zu finden (ganz rechts).

dessen älteste Teile aus dem 13. Jahrhundert stammen. Dahinter: eine grüne Bergkulisse mit endlosen Wäldern und Wanderwegen. Die Ersheimer Kapelle auf der Landspitze innerhalb der Neckarschleife ist die älteste Kirche des Neckartals und war im 14. Jahrhundert Grablege der Herren von Hirschhorn.

Neben den Altstadt- und Burgführungen gibt es Geo-Spiele auf den Spuren von Mark Twain, bei denen die Teilnehmer Aufgaben lösen und so die Stadt erkunden und die Erlebnisse ihres berühmtesten Besuchers nachempfinden. Weitere Infos und Führungen siehe www.hirschhorn.de. Bei Regen wartet im Langbein-Museum die »Naturalien- und Alterthümer-Sammlung«, die der gleichnamige Gründer des Museums bereits im 19. Jahrhundert zusammentrug – und die wohl Mark Twain zur Episode über »The Naturalist Tavern«, in der er und seine Begleiter in Hirschhorn übernachteten, inspirierte.

In einer Neckarschleife liegt die Altstadt von Hirschhorn mit ihren hübschen Gassen, der gut erhaltenen Stadtmauer und den Kirchtürmen. Darüber thront das mächtige Schloss,

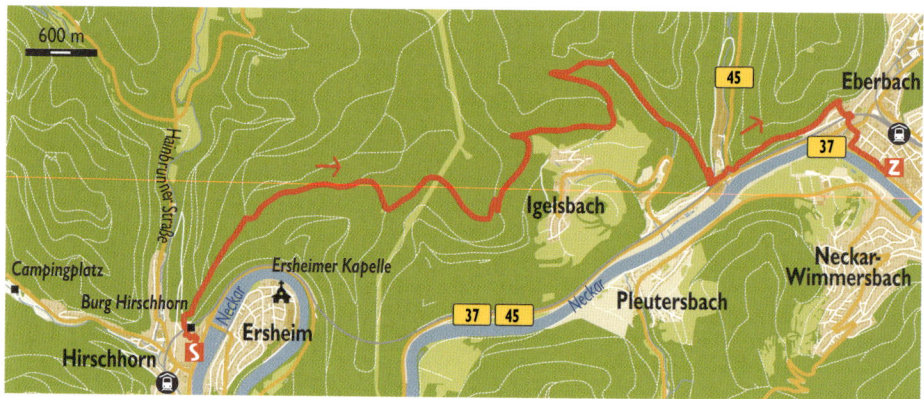

Wer es dem amerikanischen Autor und seinen Reisebegleitern nachtun und Hirschhorn auch »from a distance« betrachten möchte, wandert auf dem Neckarsteig nach Eberbach. Der Weg ist mit einem blauen N, dem Logo des Fernwanderwegs, gut markiert und führt mit einigen großartigen Ausblicken auf das Neckartal oberhalb des Schlosses auf den Stöckberg. Über die hessisch-badische Grenze geht es dann über Igelsbach und den Gipfel des Tannenkopfs zurück ins Tal und entlang der Bahnstrecke in die historische Altstadt von Eberbach. Im Sommer lohnt es sich, die Schwimmsachen einzupacken: Am südlichen Neckarufer gibt es in Eberbach mit dem Schwimmzentrum in der Au ein Freibad direkt am Neckarufer. Zurück nach Hirschhorn fährt regelmäßig die S-Bahn.

Hin & weg: Mit der Neckartalbahn oder mit den Schiffen der Weissen Flotte aus Heidelberg.

Beste Zeit: Frühling und Sommer.

Dauer & Strecke: Auf dem Neckarsteig nach Eberbach ist man etwa 4 Std. unterwegs, 12 km.

Ausrüstung: Eine Ausgabe von Mark Twains satirischem Reisebericht »A Tramp Abroad« (Bummel durch Europa).

Wenn es Nacht wird: Im angrenzenden Seitental gibt es einen gut ausgestatteten Campingplatz (sogar mit Pool): www.odenwald-camping-park.de

MIT LAMAS UM DIE WETTE GRINSEN

⧽ … in Zuzenhausen ⧼

#50

Lamas gehören zur Familie der Kamele – sie besitzen zwar keine Höcker, dafür sind sie umso flauschiger. Wenn man mit ihnen spazieren geht, schaukeln sie friedlich durch Wiesen und Felder und fressen ab und zu ein bisschen frisches grünes Gras. Kurz: Lamas machen glücklich. Wer hätte so etwas in Zuzenhausen vermutet?

Wenn der Hunger kommt, können Lamas auch mal stur sein. Das Gras am Wegesrand duftet allzu verlockend. Die 140 Kilogramm an Körpergewicht lassen sich dann mit freundlichen Worten zum Weitergehen bewegen.

In der alten Mühle Kolb direkt an der Elsenz hat Bergführer Michael Winter ein Erlebniszentrum mit zahlreichen Überraschungen erschaffen. Zunächst wären da natürlich die

Lamas, mit denen man die Wälder und Wiesen des Kraichgaus erkunden kann. Oben auf dem Gigglerskopf wohnen die sieben Hengste in einem Stall mit angrenzender Weide. Pontos, Max, Pünktchen, Anton, Mogli, Rudi und Paul – eine Schulklasse durfte die Tiere taufen – werden dort zur Wanderung abgeholt. Vor dem berüchtigten Spuckschwall brauchen Lamawanderer jedoch keine Angst zu haben: Nur Tiere, die in ihren ersten Lebensmonaten auf Menschen fehlgeprägt wurden, diese also für Artgenossen halten, spucken Menschen auch an. Pontos und seine flauschigen Freunde können zwischen Menschen und Lamas unterscheiden.

Am Anfang sind Lamas und Menschen noch ein bisschen schüchtern. Wenn das Zaumzeug dann sitzt, lassen sich Erstere gerne am

Hals streicheln, während Letztere sich plötzlich mit einem breiten Grinsen im Gesicht inmitten der freundlich dreinblickenden Andenkamele wiederfinden. Die Lamas scheinen leicht schief zurückzulächeln. Das liegt daran, dass sie im Oberkiefer Kauplatten haben und ihre Unterzähne so immer etwas hervorstehen. Zusammen mit den langen spitzen Ohren ein großartiges Bild.

Dann geht's auch schon auf Tour. Nacheinander schaukeln die Tiere in einer kleinen Karawane durch die Landschaft. Ab und an ist ein bisschen Gutzureden nötig, damit sie nicht an jedem Grashalm ihrem Hunger erliegen – schließlich sollen sie lernen, in den Pausen zu fressen. Ansonsten sind keine Lamaflüsterer-Qualitäten vonnöten, um die Tiere auf ihrem Spaziergang zu führen. Langweilig wird es trotzdem nicht: Die Lamas strahlen Ruhe und Gelassenheit aus und scheinen diese auf ihre menschlichen Begleiter zu übertragen. Wer führt hier wen aus? Zurück im Stall bekommen Pontos, Max und Konsorten dann ihre Belohnung direkt aus der Hand. Das kitzelt ein wenig und macht Lamas und Menschen froh.

Weitere Überraschungen warten unten in der Mühle Kolb. Beispielsweise kann man hier direkt am Haus auf Kajaktouren auf der Elsenz aufbrechen. Das hat den Vorteil, dass auf dem kleinen Fluss weniger Kraft nötig ist als auf dem Neckar und die Fahrt somit auch für Kinder und Jugendliche deutlich besser geeignet ist. Mit etwas Glück sieht man unterwegs Biber oder Eisvögel. Darüber hinaus kann man hier klettern, mit Bogen schießen und auf Erlebniswanderungen aufbrechen. Auf einer großen Wiese, auf der Enten und Gänse in der Sonne umherwatscheln, wird bei gutem Wetter gegrillt.

FAZIT: EIN TOLLES ERLEBNISWOCHENENDE MIT DER FAMILIE ODER MIT FREUNDEN – GARANTIERT ALLE WERDEN DEM LAMA-CHARME ERLIEGEN …

Hin & weg: Mit der S-Bahn nach Zuzenhausen, von dort etwa 10 Min. zu Fuß.

Beste Zeit: Am schönsten im Sommer, es gibt aber ganzjährig Aktivitäten.

Dauer & Strecke: Lamawanderungen sind zwischen 2 und 4 Std. buchbar.

Ausrüstung: Kamera – die Tiere sind äußerst fotogen.

Wenn es Nacht wird: Zur Übernachtung gibt es in der Mühle Kolb eine Zeltwiese oder das Gästehaus (www.muehlekolb.de).

KESCHDE, BURCHE, WOIREEWE

⟩ ... bei Leinsweiler ⟨

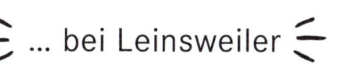

#51

Keschde, so nennt man die Esskastanien, die hier im Pfälzerwald weit verbreitet sind. Ihnen zu Ehren gibt es sogar einen 60 Kilometer langen Wanderweg – den Keschdewanderweg. Ein schönes Teilstück führt über Leinsweiler mit dem Slevogthof und der Burgruine Neukastel.

#Keschdeweg #WaldundWeinberge #WochenendeinLeinsweiler

Der Slevogtweg ermöglicht einen Einblick in das Wirken des berühmten Impressionisten Max Slevogt und informiert über hier entstandene Kunstwerke.

erwandert werden. Bei Leinsweiler macht der Weg jedoch eine Schleife, sodass man hier ganz bequem ein Teilstück als Rundweg begehen kann. In dem hübschen Weindorf direkt am Rand des Pfälzerwalds hatte ab 1914 der berühmte impressionistische Maler Max Slevogt seinen Sommersitz. Die Umgebung hat er auf zahlreichen Gemälden festgehalten.

Wer in Leinsweiler am Rathaus die Runde auf dem Keschdeweg beginnt, folgt zunächst dem markierten Slevogtweg hoch durch die Weinberge zum ehemaligen Sommersitz des Malers. Unterwegs informieren Hinweistafeln über sein Leben und seine Werke. Beispiele seiner Landschaftsmalerei sind ebenfalls zu sehen – man kann sie sozusagen direkt vor Ort mit dem Original abgleichen. Ab dem Slevogthof, der momentan renoviert wird, ist dann auch die Markierung des Keschdewegs mit dem Kastaniensymbol gut zu erkennen. Nach einem kurzen Aufstieg auf einem Waldpfad lohnt sich der Abstecher zur Burgruine Neukastel, die in windigen Höhen auf einem Ausläufer des Föhrlenbergs in den Fels gebaut wurde.

Eigentlich führt der Keschdeweg entlang der Kastanienwälder im Pfälzerwald von Hauenstein im Süden bis nach Neustadt an der Weinstraße. In vier Tagesetappen kann er komplett

Weiter geht es auf dem Keschdeweg durch den Kastanienwald. Am Zollstock, der früher die Grenze zwischen der Kurpfalz, dem Bistum Speyer und dem Herzogtum Pfalz-Zweibrücken markierte, geht es kurz ab vom Keschdeweg. Stattdessen führt das grüne Dreieck auf weißem Grund zum Windhof. Wer möchte, kann hier auf dem Annweiler Burgenweg einen weiteren Abstecher zur Reichsburg Trifels einbauen, auf der der englische König Richard

Die Burg Neukastel aus dem 12. Jahrhundert hat schon so einiges mitgemacht. Im Bauernkrieg und im Dreißigjährigen Krieg wurde sie beschädigt, im Pfälzischen Erbfolgekrieg dann vollends zur Ruine.

Löwenherz 1193 drei Wochen seiner Gefangenschaft verbrachte.

Vom Windhof führt der Keschdeweg über den Cramer-Pfad Richtung Eschbach. Hier blitzt die Madenburg bereits durch die Bäume. Auf

Hin & weg: Mit der Regionalbahn nach Landau, von dort Buslinie 530 bis Leinsweiler.

Beste Zeit: Im Frühling, im Juni zur Kastanienblüte oder natürlich im Herbst zum Kastaniensammeln.

Dauer & Strecke: Die Runde um Leinsweiler dauert ca. 4 Std., Infos zum kompletten Wanderweg unter www.keschdeweg.de

Ausrüstung: Im Herbst eine Stofftasche für die Keschde.

Wenn es Nacht wird: Das Weingut Stübinger vermietet gemütliche Ferienwohnungen oder ein Gästehaus mit Terrasse (www.weingut-stuebinger.de).

einem weiteren gut ausgeschilderten Abstecher kann sie besichtig werden. Bei Eschbach führt der Keschdeweg dann aus dem Wald hinaus. Durch die Weinberge geht es mit einigen großartigen Panoramablicken zurück nach Leinsweiler. Bei gutem Wetter bietet die Kneippanlage im Ort eine willkommene Erfrischung, bevor der Rundweg am Rathaus mit dem Dorfbrunnen aus dem 16. Jahrhundert endet. Im Ort sind zahlreiche Winzer ansässig, die in Weinstuben und Gewölbekellern Weine zum Kauf und zur Verkostung anbieten (z. B. die Weinstube Zum Kirchhölzel in der Trifelsstraße 8, www.stuebinger.com).

FAZIT: DIE PFALZ VON IHRER BESTEN SEITE. MAX SLEVOGT HATTE GESCHMACK.

UN BEAU VILLAGE

‿ ... Hunspach im Elsass ‿

In Frankreich gibt es eine Vereinigung, die »les plus beaux villages de France« auszeichnet. Hunspach gehört zu den 160 glücklichen – wer den Ort bei Wissembourg besucht, versteht warum. Weiße Fachwerkhäuser, umgeben von Streuobstwiesen, Pferdekoppeln und Feldern, versprechen allerhöchstes Elsass-Glück.

#beauvillage #Elsassglück #Dorfromantik #pureErholung

Auch rund um Hunspach ist es mit Streuobstwiesen und grasenden Pferden herrlich idyllisch.

Geologisch bilden die Vogesen und der Pfälzerwald eine Einheit über Landesgrenzen hinweg. Auch Ausflügler bemerken die innereuropäische Grenze, die sich unauffällig durch Dörfer schlängelt und nur durch Schilder am Straßenrand angekündigt wird, kaum. Dennoch ist ein Wochenende im Elsass ein ganz besonderer Miniurlaub: Man ist eben doch in Frankreich, es gibt tarte flambée und crémant d'Alsace, auf den Straßen klingt es Französisch, durchmischt mit dem elsässischen Dialekt, den viele Ältere hier noch sprechen.

Ein besonders schönes Fleckchen Elsass findet man in Hunspach, das etwa zehn Kilometer südlich von Wissembourg liegt. Das Örtchen, in dem nur etwa 600 Menschen wohnen, besteht komplett aus weißen Fachwerkhäusern, die sich seit dem 18. Jahrhundert erhalten haben. Rundherum: Wiesen, Felder, Obstbäume. Wer hier ein Wochenende verbringt, lässt den Alltag schnell hinter sich. Spaziergänge durch die malerischen Straßen und die angrenzenden Streuobstwiesen und Pferdekoppeln, ein Besuch bei den Ziegen hinter der Kirche, Faulen-

Einen sehenswerten Kontrast zur Dorfromantik bilden die Befestigungsanlagen des Fort de Schoenenbourg (links).

zen in der Sonne oder Wanderungen und Rad-touren in der Umgebung – c'est magnifique.

Im Sommer blühen die typischen Geranien vor den Fenstern der Fachwerkhäuser, und die grünen Wälder bieten Schatten für Wan-derungen. Wer so richtig seine Ruhe haben möchte, verbringt im Frühjahr oder Herbst ein Wochenende hier, wenn die Saison noch nicht begonnen hat oder schon vorüber ist und nur das Krähen eines Hahns die Ruhe im Dorf unterbricht. Im Frühjahr blühen die Obstbäume und die Ziegen haben Lämmer, im Herbst dagegen ist Erntezeit und in den Gaststätten wird es bei deftigen elsässischen Spezialitäten so richtig gemütlich. Im Winter findet in den hübschen Gassen übrigens ein Weihnachtsmarkt mit Kunsthandwerk statt.

Hunspach besteht aus weißen Fachwerkhäusern aus dem 18. Jahrhundert.

Hunspach ist außerdem ein guter Ausgangspunkt für weitere Ausflüge. Direkt nebenan befinden sich die alten Verteidigungsanlagen der Ligne Maginot, die vor dem Zweiten Weltkrieg gebaut wurden und vor einem Überfall der Deutschen schützen sollten. Das Fort de Schoenenbourg mit seinem riesigen System an unterirdischen Gängen kann besichtigt werden und ist auf einem Spaziergang von Hunspach aus zu erreichen. Im nahen Wissembourg lässt es sich gemütlich durch die Altstadt schlendern, durch die malerisch die Lauter plätschert. In der Patisserie von Daniel Rebert, dessen süße Kreationen Mannheimer bereits vom Stand bei Engelhorn kennen, gibt's ein Tässchen Kaffee zu Torten, Macarons und Pralinen aus eigener Herstellung (www. patisserie-rebert.fr).

FAZIT: BELLE FRANCE — OHNE WEITE ANREISE. IN DER LÄNDLICHEN IDYLLE STELLT SICH DAS URLAUBSGEFÜHL SOFORT EIN.

Hin & weg: Mit der Regionalbahn nach Wissembourg (von hier ist Hunspach in 10 Min. mit dem Taxi oder einer weiteren Regionalbahn zu erreichen).

Beste Zeit: Besonders schön April bis Oktober.

Dauer & Strecke: Die Runde zum Fort de Schoenenbourg dauert zu Fuß etwa 3 Std., 12 km.

Ausrüstung: Ein gutes Buch, Platz im Koffer für leckere Souvenirs.

Wenn es Nacht wird: Direkt in Hunspach vermieten Sabine und Jean-Michel Billmann gemütliche Bauernzimmer und eine Ferienwohnung (www.gite-billmann.fr/de).

SONST NOCH WICHTIG

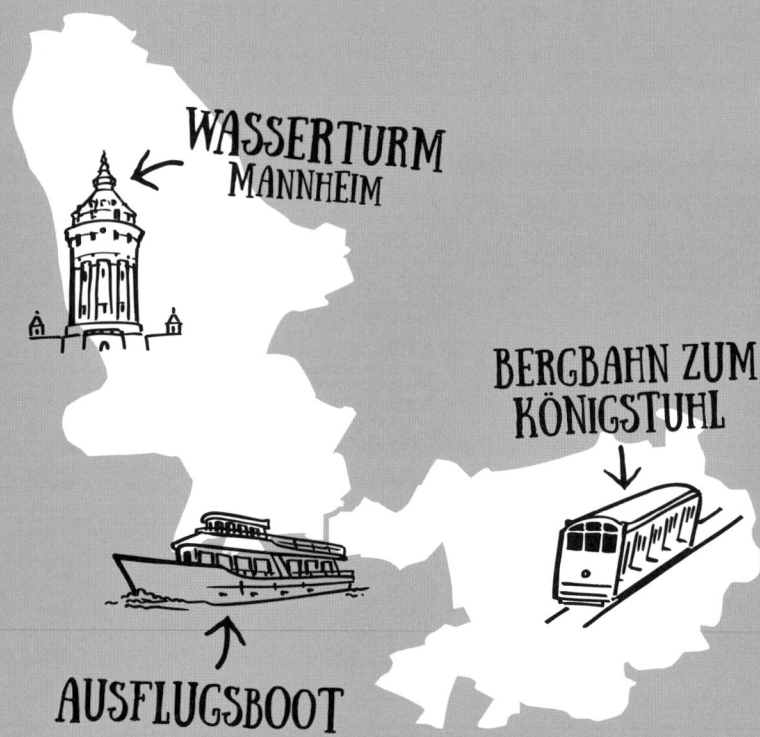

WASSERTURM
MANNHEIM

BERGBAHN ZUM
KÖNIGSTUHL

AUSFLUGSBOOT

Ein- und Überblick

Karten für den schnellen Überblick, praktische Tipps, mehr über die Autorin sowie ein Ortsregister zum schnellen Nachschlagen gibt es auf den folgenden Seiten.

GPX-Download aufs Smartphone – so geht's

Voraussetzung:

Eine Outdoor-App muss installiert sein, z. B. KOMPASS, Outdooractive oder komoot. Zum Einlesen des QR-Codes benötigen Android-Geräte eine QR-Code-App. Bei iOS-Geräten ist diese Funktion in der Kamera integriert.

Daten downloaden:

1. Den QR-Code einlesen oder die Webadresse im Browser eingeben, um auf die Eskapaden-Website zu gelangen.
2. Die gewünschte Tour zum Download anklicken.
3. Bei iOS-Geräten werden die GPX-Daten direkt mit der vorab installierten App verknüpft. Bei Android-Geräten muss ggf. noch ein Weiterleiten-Button geklickt werden (z. B. oben rechts im Display). Manche Apps zeigen den Tourverlauf starr an, andere verfügen über eine Navigationsfunktion.

Tourenverlauf

GPX-Daten zum
kostenlosen Download
www.dumontreise.de/
eskapaden/
mannheim-heidelberg

short.travel/k2gjs

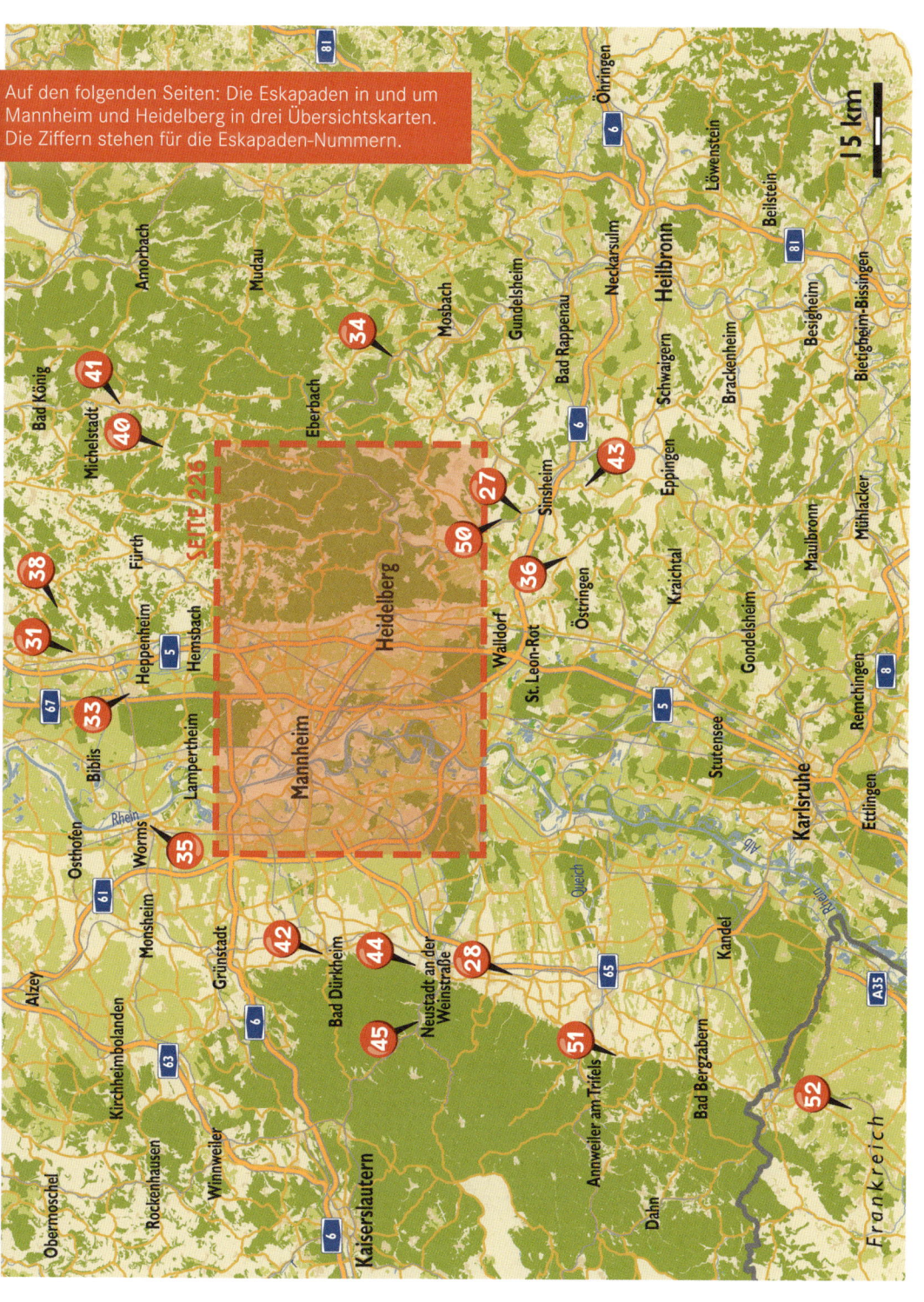

Auf den folgenden Seiten: Die Eskapaden in und um Mannheim und Heidelberg in drei Übersichtskarten. Die Ziffern stehen für die Eskapaden-Nummern.

15 km

SEITE 226

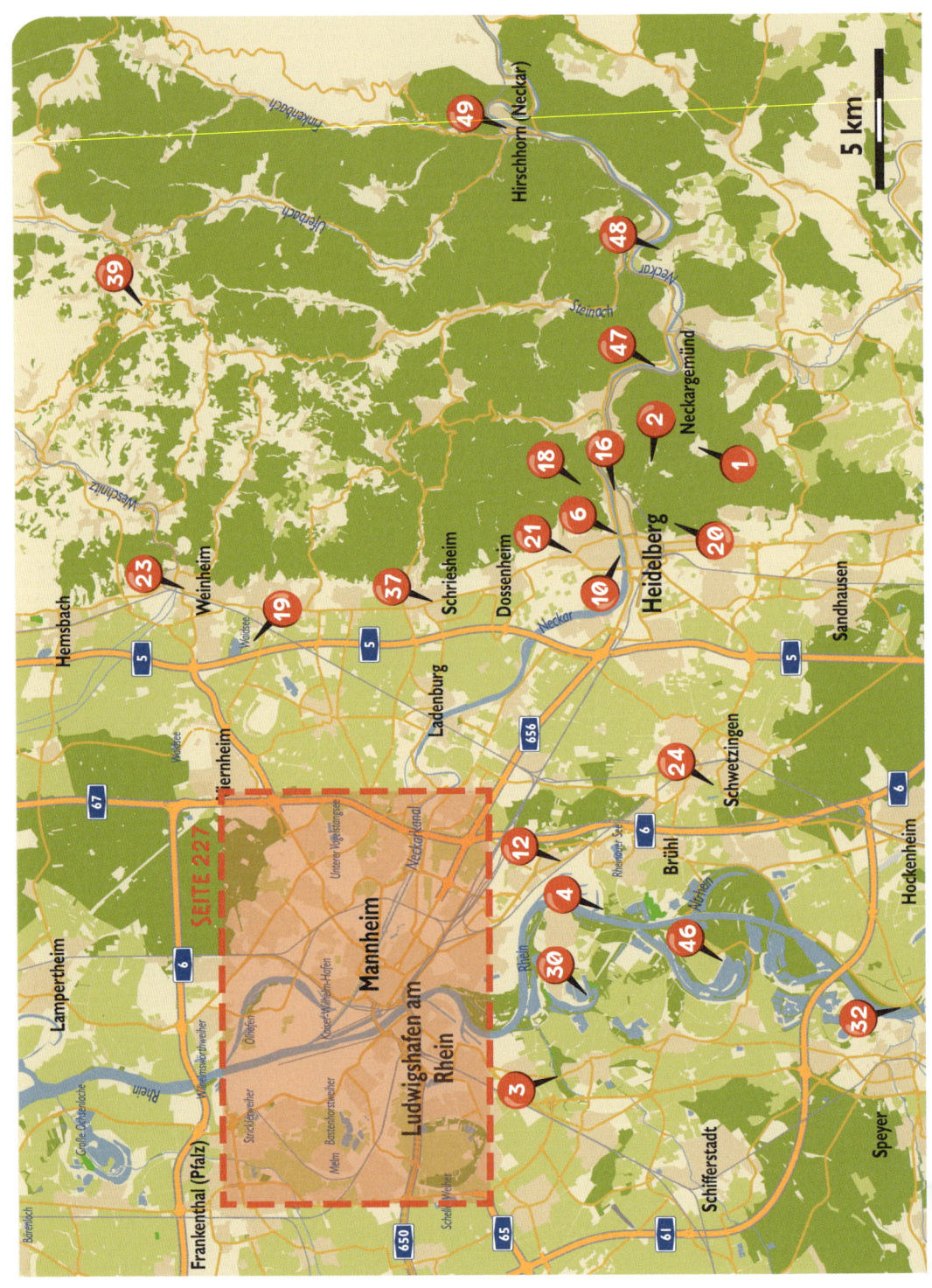

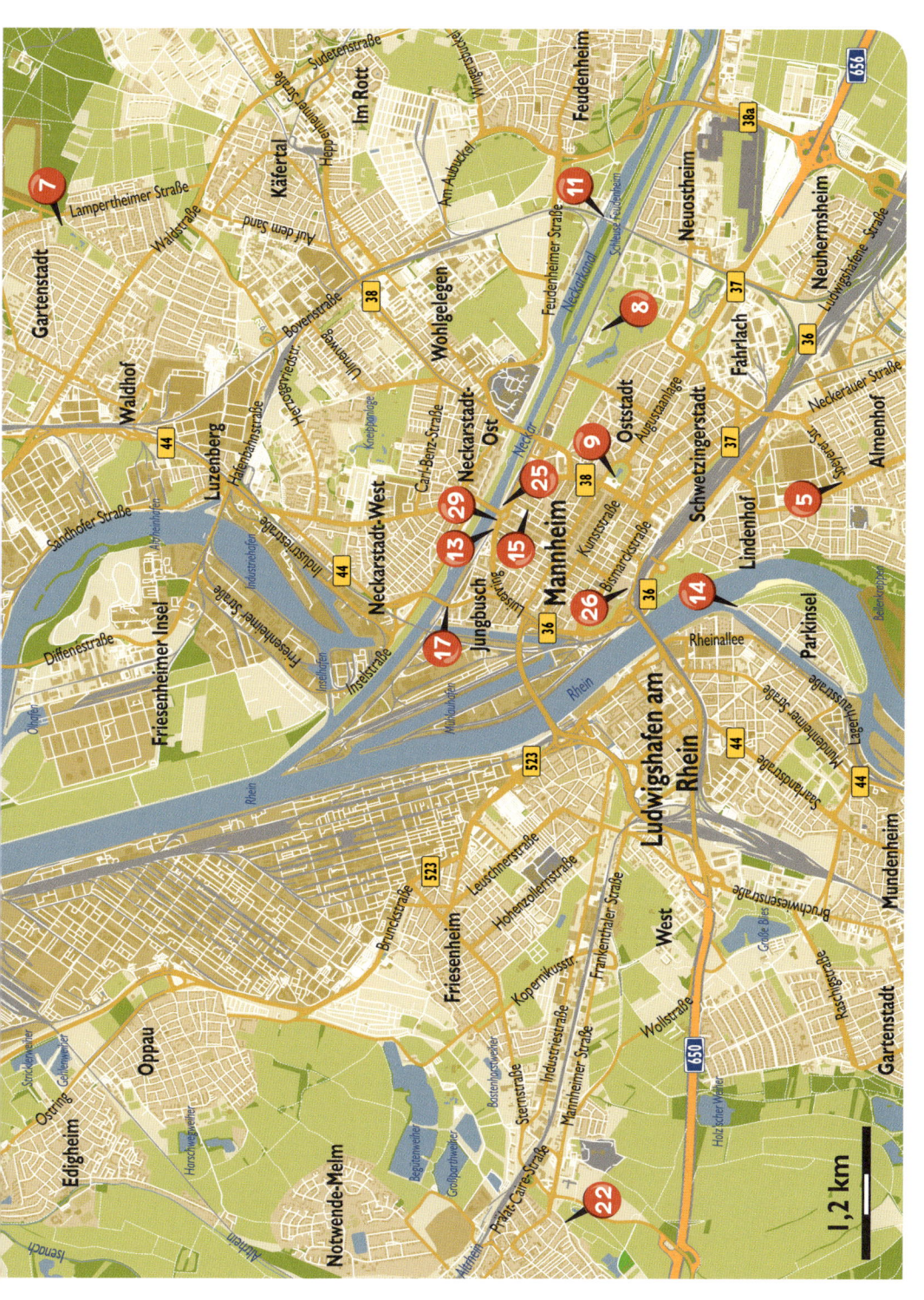

NOCH MEHR ESKAPADEN ...

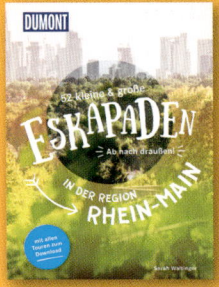

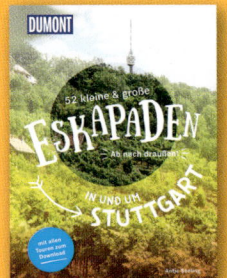

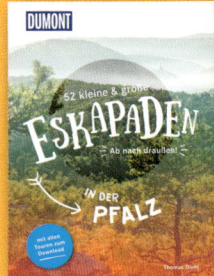

ISBN 978-3-7701-8091-2   ISBN 978-3-7701-8079-0   ISBN 978-3-7701-8094-3

... erhalten Sie im gut sortierten Buchhandel
und unter www.dumontreise.de

IMPRESSUM

Reihenkonzept Monique Sorban

Projektmanagement Svenja Heinle

Cover-/Buchgestaltung & Illustrationen Carolin Weidemann, Köln, www.weidemann-design.com

Layout & Satz Sieveking · Agentur für Kommunikation, München, www.sieveking-agentur.de

Lektorat Manuela Hunfeld, Stuttgart

Texte & Fotos Sarah Uhrig, Mannheim; mit folgenden Ausnahmen: iStock / anyaivanova (Titelseite)

Kartografie © KOMPASS, Innsbruck, unter Verwendung von Kartendaten von OpenStreetMap, Lizenz CC-BY-SA 2.0

Printed in Poland

1. Auflage 2020
© 2020 DuMont Reiseverlag, Ostfildern
ISBN 978-3-7701-8097-4

www.dumontreise.de

MIX
Papier aus verantwortungsvollen Quellen
FSC® C018236

love
Freiheit.

Geschmackssachen

Den Sonnenuntergang genießt man am besten bei Pizza und Aperol Spritz im Mannheimer Strandbad (Eskapade #5), ein stilvolles Abendessen *auf* dem Wasser gibt's im Restaurant Heimat (Eskapade #4). In Heidelberg genießt man den grünen Ausblick vom Bierhelderhof (Eskapade #20).

Weiterlesen

Tipps für die perfekte Wochenendplanung und den Sonntagsbrunch gibt es im Blog www.ma wayoflife.de, interessante Infos zu Festivals, Museen und Schlössern der Region beim Kulturmagazin www.kultur-rhein-neckar.de

Ohne Auto

Die meisten Eskapaden sind mit dem öffentlichen Nahverkehr zu erreichen und liegen im VRN-Gebiet (www.vrn.de). Die Fahrradmitnahme in S-Bahnen ist Mo–Fr zwischen 6.00 und 9.00 Uhr kostenpflichtig, ansonsten immer kostenlos. In 17 Städten im VRN-Gebiet, darunter Mannheim und Heidelberg, gibt es für spontane Radtouren Leihfahrräder von VRN Nextbike (www.vrnnextbike.de). Auch das Carsharing-Netz von Stadtmobil Rhein-Neckar ist gut ausgebaut (www.rhein-neckar.stadtmobil.de).

GUT ZU WISSEN ...

Sicherheit & Notfälle

Zentrale europäische Notrufnummer ist die 112, gebührenfrei aus allen Netzen erreichbar. Feuerwehr und Rettungsdienste werden so alarmiert.

Vor Ort im Netz

Die kostenlose App des Tourismusvereins Südliche Weinstraße liefert diverse gut aufbereitete Touren und Tipps für die Südpfalz. Auch bei www.tourismus-odenwald.de finden sich zahlreiche Wanderrouten.

ESKAPADEN-REGISTER ...

Alle Orte mit Seitenverweisen

SARAH UHRIG

⟩ ... über die Autorin ⟨

Sarah liebt die Wälder und Parks ihrer kurpfälzischen Heimat und ist an Sommerabenden meistens auf der Neckarwiese anzutreffen. Wenn sie nicht gerade an der Uni Heidelberg ihre Hackerinnen-Skills ausbaut oder beruflich bei anderen Menschen Reiselust schürt, freut sie sich über all die schönen Dinge, die (fast) direkt vor der Haustür liegen. Mit dem Fahrrad, zu Fuß oder auf dem Wasser, allein, mit Freunden oder mit Lama: Die Mannheimerin ist immer wieder fasziniert von der Abendatmosphäre am Mannheimer Strandbad, dem Toskana-Flair der Pfalz oder dem gigantischen Schlosspanorama in Heidelberg.

Glück finden

Eskapade #50 Die Lamas in der Mühle Kolb führen geduldig menschliche Besucher durchs Grüne und übertragen mit einem freundlichen Grinsen ihre innere Ruhe und Gelassenheit auf ihre Begleiter.

Funkelnder Sternenhimmel

Eskapade #45 Schon die Übernachtung mitten im Wald und das Kochen am abendlichen Lagerfeuer sind ein Erlebnis. Wenn dann die Sonne untergeht und es im Wald finster wird, zieht dank der Dunkelheit der Umgebung ein unvergleichlicher Sternenhimmel auf.

5 BESONDERE EMPFEHLUNGEN ...

Ungezähmte Natur

Eskapade #34 Schluchten und rauschende Bergbäche im Odenwald. Nah an der S-Bahn und doch mitten im sattgrünen Pflanzendickicht, moosüberwuchert, wild und verwunschen.

Bunte Stadt

Eskapade #17 Nicht ins Grüne, sondern ins Knallig-Bunte führt eine Tour zu den zahlreichen Wandbildern an Mannheimer Betonmauern: großflächige Kunst an unerwarteten Orten.

Spaß pur

Eskapade #19 Wie könnte man einen sonnigen Wintertag besser verbringen als auf Schlittschuhen. Unter freiem Himmel. Mit Odenwaldpanorama.